艺术与认知丛书 ｜ 丛书主编 胡 泊

慢 观察

观察学习的艺术与实践

[美]沙里·蒂什曼◎著

胡 泊 陈丹艺 叶伊婧◎译

王绍祥◎审校

Slow Looking
The Art and Practice of Learning Through Observation

华东师范大学出版社

·上海·

图书在版编目（CIP）数据

慢观察：观察学习的艺术与实践/（美）沙里·蒂
什曼著；胡泊，陈丹艺，叶伊婧译. --上海：华东师
范大学出版社，2024. -- ISBN 978 - 7 - 5760 - 5199 - 5

Ⅰ. G791

中国国家版本馆 CIP 数据核字第 2024J46Y76 号

慢观察： 观察学习的艺术与实践

著　　者　[美]沙里·蒂什曼
译　　者　胡　泊　陈丹艺　叶伊婧
责任编辑　孙　娟
责任校对　马晟佳　时东明
装帧设计　卢晓红

出版发行　华东师范大学出版社
社　　址　上海市中山北路 3663 号　邮编 200062
网　　址　www.ecnupress.com.cn
电　　话　021 - 60821666　行政传真 021 - 62572105
客服电话　021 - 62865537　门市（邮购）电话 021 - 62869887
地　　址　上海市中山北路 3663 号华东师范大学校内先锋路口
网　　店　http://hdsdcbs.tmall.com

印　刷　者　上海商务联西印刷有限公司
开　　本　787 毫米×1092 毫米　1/16
印　　张　12.5
字　　数　167 千字
版　　次　2024 年 9 月第 1 版
印　　次　2024 年 9 月第 1 次
书　　号　ISBN 978 - 7 - 5760 - 5199 - 5
定　　价　46.00 元

出版人　王　焰

（如发现本版图书有印订质量问题，请寄回本社客服中心调换或电话 021 - 62865537 联系）

我们只看见我们所注视的东西。注视是一种选择行为。

——约翰·伯格（John Berger）

走进自然，亲自探寻真相，仔细观察，并亲眼见证！

——路易斯·阿加西斯（Louis Aggasiz）

看清事物需要时间，就像交朋友需要时间一样。

——乔治娅·奥基芙（Georgia O'Keefe）

观物有道——"慢"中见真章

在这个信息爆炸、生活节奏加速的时代，快餐文化不仅占据了餐桌，更潜移默化地影响了生活方式，人们疲于快速浏览、流于表面：在日常生活中，利用社交媒体浏览他人的生活，通过点赞和评论来建立联系；在快餐店里快速解决一餐，却忽略了食物的本味和营养；在虚拟世界里寻找娱乐和刺激，却无视了现实世界中的美好和感动。这些看似微小的习惯，逐渐侵蚀着人们对生活的感知和体验。在博物馆、美术馆中，"机械之眼"似乎已然代替双眼，成为观察的工具，而人与世界之间，也仿佛被科技的"黑镜"所区隔。此外，随着社交媒体的迅猛发展和"注意力经济"的兴起，人们的注意力被泛滥且碎片化的信息所占据。美国著名科学家司马贺曾提出，信息的过度充斥将消耗接收者宝贵的注意力，虽然信息量急剧增加，但注意力却日渐稀缺。[①] 在海量信息的冲击下，

① Simon, H. A. (1971) "Designing Organizations for an Information-Rich World" in: Martin Greenberger, Computers, Communication, and the Public Interest, Baltimore. MD: The Johns Hopkins Press. pp. 40 - 41.

人们仿佛成为数据洪流中的浮萍，被各种趋势和流行迅速推动，难以在任何话题上扎根。

正因如此，学习"观物之道"，即为什么观察以及如何观察世界，显得尤为重要。这不仅是为了抵御快节奏文化对感知深度的侵蚀，更是旨在恢复并增强与真实生活的连接。沙里·蒂什曼（Shari Tishman）提出的"slow looking"，并非仅限于物理意义上的"慢"和"看"，实际上，选择将其翻译为"慢观察"而非"慢看"，正是基于二者在中文上的差异。在中文语境中，"看"通常指简单的视觉行为，主要关注于物理层面的视觉接收，而"观察"则意味着更为主动和深入的过程，涵盖了细节分析和深度思考。因此，"慢观察"较好地传达了原文"slow looking"的精髓——鼓励人们对眼前的事物采取一种更为专注、细腻和反思性的态度。"慢观察"关乎身体与心灵的全面参与，它鼓励我们动用所有感官去体验、理解我们所处的环境，既涵盖了视觉上的洞察，也包括听觉、触觉甚至情感上的共鸣。在此过程中，我们不仅加强了对外部世界的感知，更重要的是，通过具身化的体验，提升了对生活、自然、艺术和科学的探究能力。

作为一种全面的观察方式，"慢观察"鼓励我们超越初步印象，采用无偏见的观察进行审慎思考、细致甄别；而作为一种具身化的学习形式，"慢观察"则要求我们从主观感受中抽离，以科学、理性的方法理解观察对象的真实本质与复杂性。对于习惯快速信息流的"APP一代"而言，"慢观察"能够有效帮助他们从众多信息中洞察本质，并形成独立的判断，从而进一步培养批判性思考的能力。

鉴于此，本书中的"慢观察"，既是科学、专业的"观物之道"，亦是可习得、可迁移的"求知之道""明慧之道"与"识真之道"。而真正的"慢观察"，也代表着一种乐于对事物进行探究的生活态度，即一种"处世之道"。我邀请你一同加入这场"慢观察"的旅程。当你阅读本书的同时，可尝试在生活中亲身实践"慢观察"——无论是在美术馆中欣赏一幅画，还是在自然中观察一朵花。我期待着与你分享通过"慢观察"而收获的体验与感悟，让我们一起探索"慢观察"的力量，重拾那些在忙碌生活中被忽略的美好瞬间！

最后，感谢福建师范大学的王绍祥副教授及其研究生团队的叶伊婧、陈宇昕同学，在本书翻译审校工作中所付出的辛勤努力。同时，对我的学生陈丹艺、严亚恒、王馨禾在翻译过程中给予的支持表示感谢。此外，特别感谢华东师范大学出版社的孙娟老师以及泰勒弗朗西斯出版集团版权部的尹雅熙老师为本书出版所作的贡献。

胡泊

2024 年 4 月 9 日

致　谢

本书酝酿已久。我有幸在哈佛大学教育研究生院（HGSE）的"零点项目"（Project Zero）研究中心工作，很难想象还有比这里更能给予我支持和激励的同事。感谢"零点计划"的所有朋友们，不断给予我灵感和鼓励。同时，感谢多年来与"零点计划"合作过的众多教师和博物馆教育工作者，他们的一线经验让我获益良多。

十分感谢戴维·珀金斯（David Perkins），书中的许多想法都是在我们无数次的愉快交谈中得到验证、探索和完善的。我还要特别感谢爱德华·克莱普（Edward Clapp）和利兹·道斯·杜赖辛格（Liz Dawes Duraisingh）帮助我逐步确定了本书的具体构想，并在本书成型的早期阶段给予我指导。衷心地感谢我的朋友兼"零点计划"的同事卡莉·詹姆斯（Carrie James），日复一日地给予我鼓励，并随时为我提供实用的建议和鼓舞人心的想法。

感谢我的众多朋友和同事们，他们曾与我探讨过的一些想法，都在这本书中得到了体现。感谢帕蒂·斯通（Patty Stone）和阿莱西亚·麦金尼（Alythea

McKinney)，与你们散步谈心、品茗茶叙让我深受启发。我也要特别感谢西摩·西蒙斯（Seymour Simmons）和科琳·齐默尔曼（Corinne Zimmerman），前者帮助我探索"慢观察"与绘画之间的联系，后者多次与我就博物馆中的"慢观察"进行对话，每次对话都让我启迪良多。感谢斯科特·罗伊舍尔（Scott Reuscher）总能指引我觅得理想的诗人；衷心感谢乔迪·奥克兰（Jordy Oakland），正是她在早期文献梳理方面的帮助，我才得以动笔写作本书。感谢杰西卡·罗斯（Jessica Ross）将"慢"应用于课堂实践方面的深刻见解，还要感谢吉姆·里斯（Jim Reese）允许我将一些尚不成熟的想法付诸实践。感谢霍华德·加德纳（Howard Gardner）对我的勉励。

本书中与"走出伊甸园"学习项目（Out of Eden Learn）相关的构想得益于丰盛基金会（Abundance Foundation）的慷慨资助。我衷心感谢基金会的支持，尤其是基金会主席斯蒂芬·卡恩（Stephen Kahn）的支持和建议。特别感谢"走出伊甸园"项目（Out of Eden）的发起人保罗·萨罗佩克（Paul Salopek），是他的努力和友谊一路激励着我。衷心感谢苏西·布莱尔（Susie Blair）与我合作分析了"走出伊甸园"学习项目的学生数据；感谢米歇尔·阮（Michelle Nguyen）在后期工作中提供的宝贵帮助。

本书援引了众多艺术作品，或以黑白小尺寸形式转载了这些艺术作品。感谢惠允我转载其作品的艺术家、博物馆和学者，同时我希望读者们能通过在线搜索这些作品的全彩版本获得更好的阅读体验。

本书责编、劳特利奇出版社（Routledge）编辑丹·施瓦茨（Dan Schwartz）给予我诸多鼓励和宝贵的反馈意见。深深地感谢艾莉森·维根（Allison Wigen）协助我完成了书稿，她总是能在关键时刻提供智慧、鼓励和实际的帮助。我的姐姐安德烈娅·蒂什曼（Andrea Tishman）从一开始就陪伴着我：她的耐心聆听、持续鼓励和独到眼光功不可没。还有我的丈夫罗伯特·索瓦（Robert

Sowa）和我的儿子斯特凡·索瓦（Stefan Sowa），感谢一路走来他们给予我的爱与支持。

　　谨以此书纪念挚友马丁·安迪奇（Martin Andic）教授——一位真正的"慢"哲学导师。多年前，正是他的启发，令我踏上了研究"慢观察"的道路。

目 录

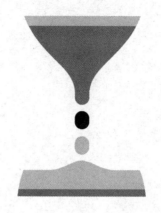

慢观察：观察学习的艺术与实践

第一章

导论：“慢”至关重要

　　在加州奥克兰，四名九年级学生围坐在桌旁，用螺丝刀拆解门把手。他们手眼并用，试图弄懂门把手错综复杂的内部结构和零部件。他们面前的桌子上摊着一大张纸，他们边拆边记边画，记录着自己的发现。

　　在中亚，一名记者正沿着古丝绸之路徒步旅行。作为慢新闻的实践者，他会侧耳倾听那些永远都成不了头条新闻的故事。在乌兹别克斯坦撒马尔罕郊外，他停下脚步，拜访一家传统造纸厂。看着水车驱动木槌把树皮捶打成纤维状的纸浆，他写道："纸张干燥、平整之后，摸起来就像丝绸一样柔软。"

　　在马萨诸塞州的波士顿美术博物馆，一群住院医生聚集在一幅大型画作前。他们的目的是要通过观赏艺术作品来培养自己的观察技能。导游让他们仔细观察画作并分享观察结果。随着对话的展开，医生们惊讶地发现：尽管所有人获得的视觉线索并无二致，但他们每个人对这幅画作的理解竟然如此不同。这次经历让他们对自己的临床实践有了新的思考。

　　在河对岸的马萨诸塞州坎布里奇市，一名中学生俯身靠近电脑屏幕，进入了沉浸式的池塘生态系统虚拟环境。自我"缩小"之后，她登上了一艘微型潜艇，开启了池底探索之旅。在那里她发现了一些微生物。接连数日，她仔细地观察着它们的行为。

在印度金奈，一个11岁的小女孩在其居住的社区里慢悠悠地逛着，打算用全新的眼光去观察熟悉的环境。她拍下照片，记录下她未曾留心过的事物。过后，她登录了一个在线论坛，发布自己的漫步故事。在论坛里，她浏览了其他国家学生的帖子，他们也有类似的散步经历。透过他们的眼睛，她也看到了他们的社区。

这些都是真实的"慢观察"故事。所谓"慢观察"其实不言自明，就是花时间去仔细观察事物，而不只是满足于匆匆一瞥。它不仅出现在上面每一个小故事里，也出现在人们愿意花大量时间近距离观察世界的任何地方——教室、美术馆、实验室、网络、后花园或是社区步行道。

本书旨在探索作为一种学习模式的"慢观察"。"慢观察"这个术语尽管借用了"视觉"的通俗表述，但需要强调的是，长时间的观察学习也可以通过调动所有感官得以实现。本书中的大多数例子和观点都关乎视觉观察，但也有很多不是，我经常使用"观察"这个词来指代广义的感官观察。举个例子，我可能会说，在开头的小故事中，那些九年级学生手眼并用"观察"那个门把手。

无论采取何种感官形式，"慢观察"都是一种认知世界的方式。它帮助我们理解无法快速掌握的复杂信息，它所涵盖并侧重的是一套不同于其他学习模式的独特技能和素养。我认为这也是一种可习得的实践方法。

我也是几经周折才开始重视"慢观察"这一话题。我是一名教育研究者，我的研究重点通常被同行称之为"高级认知"。我对超越基本读写能力的思维方式颇感兴趣，所以我的研究项目的侧重点通常在于培养批判性、反思性和创造性思维。

多年以来，观察学习其实并非我思考的重点。就算思考过这个问题，我充其量也只是将其视为达到某种目的的手段，如通过观察收集数据，然后将数据应用到推理或解决问题等更高层次的思维过程。然而久而久之，我的看法发生了变化。我还记得第一次萌生新意识的情景。那是一个开学初，当时我正在一个五年级的班级里参观。学生们吵吵嚷嚷地涌进教室。老师告诉我，她打算在接下来的半个小时里让学生们欣赏马蒂斯（Matisse）的一幅画。出于礼貌，我点了点头，但我当时真实的想法是：你让一群五年级的孩子乖乖地坐在那里看30分钟画，不出一会儿，整个教室不变得闹哄哄、乱糟糟才怪。但是那位老师自有安排。她用了一些简单的策略来帮助孩子们延长了观察时间，而不是一看了之。这些策略简单之至，但效果之佳令人惊叹。例如，让学生们列出自己注意到的五样东西，然后围成一圈，让每个学生轮流根据其他同学之前说过的内容做进一步观察，再让学生们找其他同学分享两个问题，这样半个小时一晃就过去了。

在每一轮新的观察中，那位老师都会给予学生大量时间去看。她没有照本宣科，喋喋不休地给孩子们讲很多关于这幅画的信息，但是学生学到的知识的丰富程度令人震惊。例如，经过一轮又一轮的观察之后，他们开始注意到作品结构的复杂性——各种形状、颜色和线条相辅相成，浑然一体。他们还发现这幅画有几处模棱两可，既可以这么解读，也可以那么解读。画作上是一个色彩斑斓、图案生动的餐厅，餐桌旁有一把空椅子。学生们会做出如此这般的猜想：这把椅子是给谁用的？艺术家吗？他们甚至设想自己坐在椅子上的情形，想象那会是一种什么样的感觉（他们心想：真不错，但也许有点压抑吧），诸如此类。即便学生们对于如何"正确"解读（如果真的有所谓的"正确的解读"的话）这幅画没有达成共识，即便他们背不出有关这幅画的历史信息，但是显然他们已经收获满满。此外，他们所获得的知识完全靠的是自己长时间密切的观察。哪怕给他们提供再多外部信息也无法取代他们所获得的洞察力。

这次经历之后，我开始留意"慢观察"在其他情境（校园内外）中的影响力。它只需要些许结构支撑却具有如此巨大的内在吸引力，这一点着实令我痴迷不已。我开始将其视为一种具有内在奖励反馈回路的主动认知形式：看得越多，看到的就越多；看到的越多，就越投入。我开始好奇不同领域（人文艺术、科学和日常生活）中的观察实践有哪些共性，我开始寻找可以让我更深入了解"慢观察"的研究项目，也越来越多地把"慢观察"融入我自己的高校教学实践之中。我开始对教育史学思想和博物馆史中的"慢观察"产生了兴趣。我越来越好奇"慢观察"与科学观察史之间的关系，以及与文学描述之间的关系。在整个过程中，我都在努力了解"慢观察"可以给学习带来的裨益以及相关教育实践活动。

本书讲述的就是这些探寻之旅的故事。我在写作本书时，我心目中的读者对象是教育从业者，所以，如果你想寻找一些适合课堂教学的实用点子和策略，阅读本书你必定会有所收获，尤其是前几章和最后一章。在书中，你也会发现一些让你跃跃欲试的"慢观察"习题。但书中讨论的许多观点和例子远远超出了课堂教学的范畴。何为"慢观察"？如何"慢观察"？为什么"慢观察"至关重要？我希望本书能引起所有对"慢观察"好奇的人的兴趣。

"慢"正当时

我绝对不是唯一一个对"慢"有兴趣的人。如今，欣赏慢生活已成为一种文化，而这种文化似乎起源于具体的某一天。1986 年，麦当劳计划在罗马的"西班牙大台阶"开设餐厅。闻讯后，意大利美食与葡萄酒专栏作家、记者卡洛斯·佩特里尼（Carlos Petrini）在"西班牙大台阶"上组织了一场抗议示威活动。这场示威活动进而引发了"慢食运动"。"慢食运动"推崇本地食材、可持续食品生产，以及慢慢享受餐桌上的传统乐趣。自此，这一运动遍及全球，至今仍在蓬勃发展。在当代文化中，人们对"慢"的追求似乎越来越高。仅举几例，有一个"慢艺术日"——世界各地的博物馆每年都会举办这样的活动，规则很简单：去一家艺术博物馆，看五件作品，每件 5 到 10 分钟；然后和别人共进午餐，与之交谈你的所见所闻。还有一种"慢教育"运动，摒弃了旨在提供所谓"应试知识包"的快餐化学校教育模式，转而主张鼓励深入学习和师生间高质量互动的学校教育。[1]还有"慢新闻"，越来越多的新闻记者拒绝迎合公众对即时信息的渴求，而是强调漫步穿梭于世界各地，仔细聆听这个世界的故事，以更具人情味的节奏进行报道。

虽然不是所有的"慢"潮流都强调"慢观察"，但它们都涉及超越第一印象，转向随着时间的推移慢慢展开的更加身临其境、更持久的体验。在某种程度上，本书就是这种趋势的一部分。不过，我所定义的"慢观察"也有一些与大趋势不符的特点。首先，我认为"慢观察"并不一定以安静、沉思的情绪为特征。正如我走进那间五年级教室时所学到的，长时间的观察可以是一件充满活力、生动活泼的事情。当然，它也可以是平和、宁静的，甚至对某些人来说是一种精神享受。但事实上，它无须具备前述的任何一种特征。关于这一点，我将在后面的章节中再次谈到，现在提及这一点，是因为我想清楚地表明，我倾向于从广阔而非狭隘的角度来看待"慢观察"；几乎所有年龄段的人都能做到"慢观察"，而且可以在多种情绪和多种节奏下实现"慢观察"。

其次，我也不认为"慢观察"一定是反科技的，尽管数字生活的速度可能对"慢"构成挑战。我们生活在数字时代，沉浸式的社交媒体、无所不在的信息流、动动手指就能获得的无穷无尽的信息——所有这些都有可能分散人们的注意力。但数字技术和媒体也可以成为强大的工具，帮助人们仔细观察他们原来可能会忽略的事物。例如，在我写这本书的期间，正因为有了美国宇航局

（NASA）社交公众号，数以百万计的人们才得以优哉游哉地在线浏览岩石般贫瘠的彗星在太空中急速飞行的图片。通过数字众包，成千上万的人得以帮助科学家仔细观察自然世界。通过媒体图片的病毒式传播，数十万的人才得以检视公众人物的一举一动。我们快节奏、数字化的文化可能会对"慢观察"带来挑战，但同时也提供了机遇。

关注"慢观察"的主要原因有三。在数字时代，尽管这些原因可能显得尤为迫切，但它们并非仅限于数字时代。

1. "慢观察"是对人类自然的"快观察"倾向的一种重要反向平衡

大多数时候，我们会快速扫描周围的视觉环境，不假思索地接受任何现成的表面信息，然后迅速继续前行。第一印象往往是在瞬间形成的，而且尤为持久。此外，当我们处于这种快速模式时，往往倾向于进行"填空式"观察。恰到好处的寥寥几笔，就能让我们"看到"一张完整的脸，就像我们只听几句歌词就能了解一首歌的大意一样。通常情况下，"快观察"是行之有效的。为了辨识事物而反复观察，确实不便。要想生活得游刃有余，直观的视觉感知是必需的，但有些事情不是一眼就能完全理解的。当看到一张陌生城市的地图时，你可以很快看出这是一张地图，但你需要研究一阵子才能利用它提供的信息。通过"快观察"，你可以迅速了解事物的要点，但揭示事物的复杂性却需要时间。看一眼树，你就会知道它有树干、树枝和树叶。但要注意到树皮上地衣的斑斓图案、树冠的不规则形状以及作为其生态系统一部分的无数生物，却需要时间。

2. "慢观察"在通识教育中往往没有得到充分重视

大脑中最为高效的思维活动并非总是自然而然地产生。从"快观察"向"慢观察"的转变就像认知心理学家所说的"快思考"和"慢思考"。[2]前者的特点是快速、直观、自动的判断——包括通过视觉第一印象做出的判断——它是思维最普遍的运作模式。"慢思考"的特点是深思熟虑、仔细思考。其特点是根据证据进行推理、分析思考和谨慎决策。"慢思考"的回报是巨大的（想想现代科学和西方哲学），但让思维慢下来，放弃快速的直觉判断，转向慢速的谨慎思考，则需要专注、意志力和训练。

在教育界，大多数人都认同培养审慎思维的价值。教育工作者（包括本人）普遍认为，教会年轻人运用证据进行推理、巧妙地分析和评估论点以及谨慎地做出判断十分重要。我们将这些能力视为基本的思维技能，适用于所有学科和日常生活。许多学校的课程都声称要教授这些基本技能，而培养批判性思维能力也是人们通常所说的优质通识教育的一部分。

尽管如此，"慢观察"的教学往往更加专业化。高中生可能会在艺术史课或科学实验室中有机会练习"慢观察"，但培养学生慢慢观察世界的能力通常不会成为教育的核心目标。这是令人遗憾的，因为"慢观察"与"慢思考"都具有同样广泛的适用性，但两者的技能组合却有些不同。"慢思考"包括分析信息、权衡证据和仔细推断，而"慢观察"强调的是观察细节、延迟解释、仔细辨别、多元视角、主观意识，以及有意识地使用各种观察策略以便超越第一印象的能力。当然，二者间不乏共通之处。例如，"慢思考"和"慢观察"都强调多元视角和多渠道信息获取能力的重要性。但是，这两个领域都不能取代对方，在教育方面，对其中一个领域的关注并不能充分促进另一个领域能力的发展。

3. 仰观俯察的能力具有公认的价值

人们对许多事情的看法不尽相同，但很少有人对仰观俯察能力的价值持有异议。大多数人凭直觉就知道世界是复杂的，且常常操之过急，妄自断言，说应该如何解决或解开世界的复杂性云云。"慢观察"是应对复杂性时的一种健康反应，因其为感知和欣赏事物的多个维度创造了空间。然而，尽管这种反应源自本能，却需要用心去维持。这说起来容易，实践起来难。一般而言，最需要放慢步调、微察秋毫的关键时刻往往也最具挑战性，即一切与人们对事物本质的理念产生冲突的时刻，如出现政治分歧、个人纠纷、价值观冲突的时刻。然而，矛盾往往是复杂性的一种表现——说明事情远不只表面看起来那么简单。试想若有一种教育方法，能够让我们认识到面对矛盾冲突时，正是审视复杂性的时刻，而非相反，其价值不言而喻。

本书的一个关键论点是，"慢观察"在很大程度上是一种可习得的能力。问题不在于人们对这种能力重要性的认知，而在于人们未能获得帮助来发展支持这种能力的技能和倾向。在追求知识的过程中，当代西方教育强调理性、批判性思维的作用。尽管"慢观察"通常不被视为一种核心教育价值，但它在培养批判性思维方面具有基础性的作用：在我们决定什么是真实和正确之前，仔细观察眼前的事物至关重要。

注释

1 相关例子可参阅 http://www.slowmovement.com/slow_schools.php。

2 关于此项研究的全面解读，请参阅 Kahneman，D.（2011）. *Thinking，Fast and Slow*. New York：Farrar，Strauss and Giroux。

慢观察：观察学习的艺术与实践

第二章

观察的策略

"慢观察"无处不在。它是专家们日常工作中的一部分，就像系统的科学观察是生物学研究的一部分一样。此外，"慢观察"也贯穿于我们的日常生活之中——当我们悠闲自在地仔细欣赏博物馆里的画作、全家福，或人行道上的昆虫时，我们用到的就是"慢观察"技巧。"慢观察"并不深奥，但它往往具备策略性，因为其中需要刻意使用观察策略来引导和聚焦视线。如果你曾经对照清单观察后院的鸟儿，曾经掐着时间来系统观察花园景致随着时间的流逝所发生的变化，或者曾经有意识地放松注意力，以全新的视角感知一幅画作，那么，你已经运用了观察策略，其作用是为眼睛提供多样化的结构和预期。

不同领域的专家所关注的对象也不尽相同。法医人类学家勘验骸骨；水手观测风浪；心理学家观察人类行为模式；教育工作者则密切关注学生的学习迹象。尽管观察对象可能存在差异，但专家们所使用的基本观察策略却惊人地相似。此外，这些策略本身简明易懂，人人皆可学而用之，甚至"放诸四海皆准"。本章将借鉴科学、艺术和日常生活中的实例，重点介绍其中四种通用观察策略。

分而视之

这是一个下着雨的周六下午，游客们抖落伞上的雨水，在艺术博物馆的入口排队购票，闲谈声回荡整个大厅。还有一群人聚集在大厅一角的标牌下。

> 开放参观时间: 下午 2∶00 起
>
> 慢观察
>
> 欢迎莅临

很快，博物馆讲解员来了。她向大家作了自我介绍，寒暄了几句，随后领着参观者们穿过一个大厅，走进一个宽敞、挑高的展室，里面挂满了 19 世纪美国的绘画作品。她稍事停顿，让人们先沉浸在这个空间里，然后将他们聚集在一幅巨大的海景画周围。

参观者们欣赏了一会儿这幅画作，又看了看旁边墙上的展签。然后，他们满怀期待地看向讲解员，等着听她讲解。讲解员没有开讲，而是说道："请大家先仔细观察一下这幅画，注意它的特征。我要向大家提三个问题：你们看到了什么颜色？看到了什么形状？又看到了哪些线条？我们先从颜色开始。"

试一试

颜色、形状、线条

  将此策略应用于艺术图像、自然景观、城市景观或当下你所处的任何环境之中。

你看到了哪些颜色？

列举几例。

你看到了哪些形状？

列举几例。

你看到了哪些线条？

列举几例。

可独立完成，也可与他人合作，分享观察结果。

沉默片刻后，有人开口说道："我看到了灰色的天空。"

另一个人说："我看到了镶着灰边和紫边的白云。"

"这幅画的右上角有淡淡的黄光。"又一位参观者插话道，"仿佛阳光正努力穿透云层。"

很快，每个人都开始描述画中天空的色彩。最后，众人的注意力转移到了画作的下半部分，并开始描述海的颜色。起初，他们说那是蓝色或蓝绿色。但当有人指出有一抹银紫色后，突然间，参观者们先前未曾察觉到的各种色调在海水中展露无遗。有人观察到，水的颜色反映了天空的颜色，于是众人再次聚焦到天空，这一次，他们留意到色彩的运用竟如此微妙。

为了引导出这些观察结果，博物馆讲解员使用了最常见的观察策略：分而视之。从广义上讲，这种策略的作用是引导视线寻找特定类型的事物。比如，这位讲解员使用了颜色、形状和线条这些分类，而在其他学科中，分类方式可能大相径庭。例如，内科医生通过分类引导观察皮肤颜色、口腔气味等指标，以识别疾病的典型症状；考古学家们运用分类技术以便更好地聚焦于一系列具体的地貌特征，如凹地和山脊，以此判断某地是否埋藏着文物；负责调查财产盗窃案的侦探会搜寻特定类型的线索，如作案工具的痕迹、脚印和纤维，以此确认盗窃者的身份。

　　情境不同，分类方法大相径庭，但其基本目的是相同的：它们就像一个镜头，有选择地将感知流聚焦于某些特征之上。无论是在有意识还是无意识层面上，分类都发挥着重要作用。如果没有它们，人类的认知将会陷入难以想象的困境。我们对任何经历所抱有的期望、目的和假设都是各种分类共同作用的结果，我们也因此"看到"了特定事物，而非其他。例如，博物馆参观者们期待能在19世纪的绘画展厅中看到绘画作品，而这也正是他们所看到的。参观者们可能也看到了展厅中间的木制长椅，因为他们必须绕着木椅走，但他们主要关注的仍是墙上的艺术品。一部分参观者或许也观察到墙壁的颜色（奶油米色），也许还有少数人留意到了一些细节，如出口指示牌和画廊磨损的木地板。但可能没有人注意到高高悬挂在天花板上的灯具形状，或角落里飞舞的微尘，抑或是博物馆警卫在展厅四周缓慢走动时均匀的步伐。

　　请暂时将视线从本页移开，并观察眼前的物体。或许你自认为目之所及的事物屈指可数，但是，当数以百万甚至数十亿计的视觉刺激一齐涌入眼中时，大脑自然应接不暇。因此，建立一个过滤机制至关重要。否则，我们穿过房间时都会感到不知所措。但是，正如我们在日常工作中依赖大脑的无意识过滤机制一样，我们也可以有意识地使用分类引导，引导注意力流向我们可能忽视的事物。例如，若博物馆讲解员让参观者特别关注墙壁的颜色、展厅中其他参观者的着装、光线的质量或任意数量的其他任何东西，他们很容易就能做到。但这种注意力转移是以牺牲对绘画作品的关注度为代价的。

　　问题是，我们不可能对所看到的一切都了如指掌，选择性关注有着巨大的影响力，稍后我将论述它在策略上的优势。我们可以选择看什么，但这样做必然会使我们对其他事物视而不见。有一样东西可以改变这个系统，那就是"惊奇"（surprise）。当突如其来之物进入视野时，我们经常会有"仅它可见"之感，且不必为了辨别它而改变我们的预期。例如，如果一个踩着高跷的小丑走过展厅，即使参观者们正专注于欣赏画作，也肯定会注意到。且慢，他们真的会注意到吗？这或许取决于他们对寻找颜色、形状和线条的专注程度。

有时，我们过分专注于寻找某些事物，以至于对焦点之外的东西视而不见。这种现象令人震惊。认知科学家丹尼尔·西蒙斯（Daniel Simons）和他的同事克里斯托弗·查布里斯（Christopher Chabris）的研究就是一个生动的例子。若干年前，西蒙斯穿上了大猩猩服和查布里斯一同做了一个实验，引起了不小的轰动。实验过程是这样的：实验对象被要求观看一段简短的视频，视频中的六个人在穿插游走间互相传球。其中三人身着黑色球衣，另外三人则身穿白色球衣。实验任务是计算穿白色球衣的人传球的次数。视频中人们频繁走动和传球，因此需要集中精力盯着穿白色球衣的人（提示：此处运用了分类引导）。视频播放到一半时，一只大猩猩悠闲地走进了来来往往的人群之中。它面对镜头停顿了一下，捶了捶胸，然后从屏幕上大摇大摆地离开了。令人难以置信的是，1999 年哈佛大学首次进行这项实验时（当时视频还没有在网上疯传），一半专注于计数任务的观众们甚至没有看到那只大猩猩。[1]

辅助集中注意力的分类引导策略深刻影响着我们的所见所思。让我们思考一下博物馆讲解员所选择的分类引导策略吧。颜色、形状和线条是绘画作品中特定的形式要素，尽管这种具体的分类引导策略能很好地引导游客放慢脚步、仔细观察，然而对于策略的选择也同时反映了对画面中各要素价值和重要性的看法。那么，在欣赏艺术作品时，颜色、形状和线条是否是"正确"的分类引导策略呢？即使没有确切答案，这也是一个很好的问题。例如，形式主义艺术理论家可能会认为博物馆讲解员的策略不够完善，未能引导人们注意到画作中的其他重要形式特征，如空间关系、比例或画面的几何构图；其他学者可能会认为，近距离观察艺术作品的策略根本不应该从形式元素入手，而是应引导人们关注作品所要讲述的故事；还有学者主张，关键在于可以从作品中窥见绘画所处时代和社会环境的文化影响。

关于应该用哪种分类系统来指导观察这个问题，众说纷纭，莫衷一是，或者根本就不可能达成一致。但有时，一套分类引导策略会迅速推动某一领域观察实践的发展，并迅速成为标准做法。在科学领域，约瑟夫·格林内尔（Joseph Grinnell）就是一个很好的例子。格林内尔是加州大学伯克利分校脊椎动物博物馆的首任馆长，也是"生态位"（ecological niche）概念的提出者之一。19 世纪末，在格林内尔接受鸟类学训练的初期，曾到过许多地方观察自然栖息地的鸟类和其他动物，并将自己的观察结果记录在田野考察笔记之中。按照当时流行的记录习惯，他的笔记以冗长的清单形式呈现，仅详细记录了物种名称和所观察到鸟类的数量，其他内容相对较少。虽然这是田野考察工作的标准做法，但格林内尔逐渐意识到，将田野考察笔记的范围限制在物种和数量两个类别，观察者就无法密切关注其他重要特征，如天气和栖息地。格林内尔因此制定了一套更为严谨的笔记体系，以便记录各种不同类别的信息。他要求助手们严格遵循该体系，以获取比以往更为翔实的环境数据。格林内尔的观察方法得到了广泛认可，极大地推动了 20 世纪初美国环境田野考察研究工作的发展。一个多世纪后的今天，"格林内尔法"仍然是许多博物学家所采用的标准做法。

开放式清单

格林内尔田野考察笔记现存加州大学伯克利分校脊椎动物博物馆，可供研究之用。学者凯瑟琳·卡森（Cathryn Carson）对其进行了详尽研究，她注意到这些笔记随着时间的推移发生了有趣的变化。[2]她指出，一开始，格林内尔严格遵循自己创立的笔记方法。然而，随着时间推移，他的笔记变得更加灵活：不仅包含大量主观描述，而且包括广泛的观察结果。作为一名成熟的科学家，格林内尔逐渐认识到，人们无法预知哪些因素会对未来的科学研究产生重大影响，这一认识也体现在他后续的笔记当中。尽管他一贯要求助手严格遵循其制定的笔记体系，但在接下来几年里，他扩展了该体系，增加了笔记厚度，并要求记录那些看似不重要的观察结果。换言之，其具体策略如下：采用一整套分类方法，全面观察某类事物；然后，为防止遗漏，详尽记录下其余所见之物。格林内尔是极富远见的，如今科学家们正在研究格林内尔及其同事们的笔记，以寻找与当代气候变化相关的线索——这或许是格林内尔始料未及的。

观察策略皆为启发式的经验准则：适用时予以采纳，不适用时暂且搁置。与科学现象的观察者一样，艺术鉴赏家也深谙此道。亚诺什·肖尔茨（Janos Scholz）是 20 世纪著名的大提琴家，同时也是备受推崇的艺术品收藏家。他所珍藏的大部分意大利绘画作品现存于纽约摩根图书馆，其余众多照片、版画和素描作品也散布于美国各大知名博物馆中。肖尔茨以其鉴赏家的眼光著称，他曾撰文探讨如何甄别艺术品的质量。与前文提到的博物馆讲解员类似，肖尔茨也强调分类法的运用，他写道："经验教会鉴赏家建立一套固定流程，以审视画面的各种组成要素，如线条的流畅性、对事物的描摹以及画面的纵深感……"然而，他认为"打破常规"同样重要，"仰观俯察，洞悉无遗，这是鉴赏家兼收藏家的基本原则，也是神圣不可侵犯的准则"。[3]肖尔茨的方法与格林内尔相似：通过分类来仔细观察某些特征，进而超越分类以关注所有细节。

当然，从客观角度来看，"仰观俯察，洞悉无遗"是不可能的，但肖尔茨和格林内尔的故事表明，优秀的观察者会尽其所能，注意到更多细节。肖尔茨关于"仰观俯察，洞悉无遗"的建议抓住了第二种通用观察策略的精髓，这种策略几乎与分类法一样得到广泛使用——编制开放式清单。清单是一种按项目分类列出的目录，其主要用途是记录特定类别或地点中每个物品的详细信息。博物学家使用清单对动植物进行盘点；企业则使用清单对商品进行盘点。百科全书也可以视为一种清单，因为百科全书旨在全面记录某一特定类别事物的所有方面或实例。百科全书的涵盖面可以很窄，如特定地区猫头鹰种类百科全书或国际象棋棋谱百科全书，也可以大到令人眼花缭乱，如"生命百科全书"，这是一个在线倡议项目，旨在为地球上所有生命形式创建一份数字化清单。[4]通常情况下，百科全书中的条目大多可以轻易归入单一类别（例如国际象棋开局棋谱、生命形式），但有时也有例外，而开放式清单正是为了捕捉这种非单一分类而设立的。以《大英百科全书》为例，其最初目标是全面展示人类所有的知识。在印刷版（尽管网络版并非如此）中，条目按字母顺序排列，营造出井然有序的感觉。然而，字母表只是掩盖芜杂不堪的内容的便利工具，与其收录的条目可能风马牛不相及。翻开"R"字母所对应的页面时，你可以找到芜菁甘蓝（Rutabaga）、宗教（Religion）和罗马道路系统（Roman road systems）等条目。

作为一种观察策略，开放式清单摒弃了分类，而以百科全书的方式详尽列举所有可观察到的特征。其目标在于捕捉复杂多样、难以归类的混乱特征并汇聚成一个整体，从而培养一种与运用分类引导策略时不同的鉴别感知能力。分类引导策略通过引导我们关注特定特征，使其成为一个集合的组成部分，从而有助于进行感知辨别。例如，在绘画中，圆形作为形状集合之一得到了突出。编制开放式的特征清单则能够让我们注意到每个特征本身的特殊性，并最终将这些复杂的不同特征融合到一个更大的整体中。在实践中，开放式清单将以何种形式呈现呢？让我们回到博物馆之旅。参观者在海景画前驻足良久后，博物馆讲解员将他们引领至展厅中的另一幅画作前。这幅画描绘了一片田园风光，连绵起伏的群山之间点缀着几座农场。"这次我们来点不一样的，"她说道，"请大家仔细观察这幅画，并将看到的每一样东西都列举出来。"参观者立刻投入其中。

"我看到一栋房子，"一位参观者开口说道。

"我看到人们在田间劳作。"

"我看到一座农场。"

"我看到了松软洁白的云朵。"

"我看到了温暖的一天，因为人们没有穿外套，看起来很热。"

"我看到处处都是白色。"

"我看到一个人，貌似是一位农民，他看起来很悲伤。"

"我看到一个画框。"

"我看到一个非常华丽的画框，是金色的，有很多花哨的雕刻。"

"我看到底部有画家的签名。"

参观者辨识出的作品特征越来越多，清单也越来越长。观察结果就类型而言差异很大：其中有绘画的形式特征，如洁白的云朵和错落有致的农田；有绘画所传递的感受，如阳光带来的暖意和脸上流露的哀伤；还包括绘画所叙述的故事；甚至关注到了画框和画家签名等细节。尽管参观者的观察结果无法进行系统分类，但他们共同创造的整体清单捕捉到了绘画的复杂性，即作品通过多种交互方式变得生动而有意义。

试一试

观察 10×2

1. 以"慢观察"的方式观察一个图像或一个物体，至少持续 30 秒，其间让视线不断游走。

2. 根据观察到的内容，列出 10 个单词或短语。

3. 重复步骤 1 和 2：再次观察，随后在列表中添加 10 个单词或短语。

在盘点的过程中，很重要的一点是，参观者要对所见之物进行描述。这种描述不仅是对先前内在精神状态的整理汇报，更是一种持续的观察行为。当参观者将观察结果组织成语言时，实际上有助于他们更好地观察这幅画，因为我们在用自己的语言形容所见之物时，其实就是在为感知赋予具体形态。确切来说，不仅是语言，任何符号表征都在形塑着我们之所见。参观者可以通过素描来表达他们的观察结果，也可以通过手势甚至声音来进行表达。无论采用何种媒介，他们用以交流其观察结果的形式都是观看行为中的一部分。

对于一本关于"慢观察"的书来说，探讨"我们的交流方式如何影响所见所闻"这一话题就如同"房间里的大象"，无法回避。由于描述者是人类，每次描述自然都带有主观性。在第七章和第八章中，我们将重点研究主观性与"慢观察"之间存在的各种有趣的谜题。值得注意的是，相互描述观察结果是博物馆参观者体验中重要的组成部分。

参观者体验的另一个重要特点在于，他们所得出的多样化观察结果融合成为一个整体，这一整体具有超越各部分之和的综合性。参观者创造的总体清单对其产生了极强的唤起效果，激发人们对绘画丰富性和复杂性的感知，这是单个观察结果无法达到的效果。同时，清单的整体性还传递出即时感和广度。

在诗歌中，唤起是一种常见的修辞手法，盘点列举也往往成为诗人强有力的一种描写技巧。但很少有诗人像沃尔特·惠特曼（Walt Whitman）那样热衷于使用盘点列举法。下面是他的名篇《我自己的歌》（*Song of Myself*）第八节中的几行诗句：

人行道上的乱嚼舌，车辆的轮胎，鞋底上的污泥，散步者讲的话，

笨重的马车，车夫和他那举着向人问话的大拇指，马蹄走在花岗石上的得得声，

雪车的叮当声，大声说笑，雪球的来回投掷，

对群众喜爱的节目发出的喝彩声，激怒了的暴徒们的吼叫声……⁵①

惠特曼对冬日景象进行了全面而细致的描述，跨越了各种类别。通过将"人行道上的乱嚼舌"、人群的喧嚣与车夫"那举着向人问话的大拇指"不协调地并置在一起，凸显了每种事物的独特性。同时，丰富多样的感知作为一个整体传达出这个世界复杂而有序的本质。

在艺术领域中，杂乱无章的联系感是开放式清单所产生的有益特质，这恰恰是因为它具备令人难以忘怀且超越类别的属性。这一点我们可以从博物馆参观者广泛的观察结果和惠特曼的诗歌中得到证实。亚历山大·蒲柏（Alexander Pope）在他的诗作《温莎森林》（*Windsor Forest*）中也阐明了这种感觉，描绘了森林场景中杂乱无章的野生元素，并指出它们如何相互交织、相互影响。

不是被挤压和撞击的混沌，

而是像世界一样，以和谐之姿呈现的混沌。

分类引导策略偏爱秩序，而清单策略则能够实现一种美妙而和谐的混乱状态。与诗人相似，许多视觉艺术家也喜欢创作和谐混杂的作品。以大家熟知的16世纪荷兰画家彼得·勃鲁盖尔（Pieter Bruegel）绘制的《农民场景》为例，这个作品以丰富的视觉清单形式，展示了某一时刻乡村生活中形形色色的活动。

开放式清单通常呈现出类似拼贴画的特征，偏好这种策略的艺术家有时会运用拼贴画作为媒介。罗马勒·比尔敦（Romare Bearden）在他的作品《鸽子》（*The Dove*）中采用了拼贴画来描绘丰富多样的图像和活动，以捕捉瞬息万变的城市街景。（建议在网络上查阅该作品的全彩版本。）

---

① 沃尔特·惠特曼著，赵萝蕤译，《我自己的歌》，广州：花城出版社，2016年，第42页。——译者注

罗伯特·劳森伯格（Robert Rauschenberg）的"集成"（Combines）系列作品将拼贴艺术引入三维空间，并以一种类似于清单的方式将大量不同元素融合在一起，营造出直接而强烈的画面氛围。通过对清单策略的双重运用，该系列作品传递出一种混乱但有机联系的感觉，而这些作品本身就是开放式清单的实例，因其由填充的安哥拉山羊绒、轮胎、印刷图像、点滴颜料和破损木条等风马牛不相及的物品构成。

本章多数案例聚焦于视觉感知，因为这是我最熟悉的观察方式。然而，这里所探讨的通用原则和技巧同样适用于其他感官，如触觉、听觉、嗅觉，甚至味觉。对于开放式清单策略来说，这一点尤为重要。作为一种观察策略，它强调全面收集感知，即"仰观俯察，洞悉无遗"。举个例子，在佛罗里达州大沼泽国家公园的一个湿地区域，我认识的一位公园管理员曾引导一群小学生运用前文提到的"10×2"策略进行听觉观察。首先，他们闭上眼睛，专心聆听十种不同声音；然后，他们彼此分享所听到的声音；接着，倾听每个人提到的各种声响，如嗡嗡声、呜呜声、口哨声、咔嗒咔嗒声、飞溅声和轰鸣声等。然后，重复这一过程，他们惊讶地发现第二轮的倾听能够捕捉到更多声音。

就感官而言，开放式清单不仅包括捕捉感官所传达的所有印象，还包括提高身体意识的技巧。人类用于追踪动物的多感官观察技巧便是其中之一，因为这项工作很大程度上需要通过"慢观察"才能成功。例如，作为野生动物摄影师，你要小心翼翼、悄无声息地穿过森林，这样才能发现野生动物的踪迹。普林斯顿大学的《自然观察与跟踪户外行动指南》建议："刻意变换你的感知意识，酌情调整视线，并不断关注周围环境。在视觉、听觉、嗅觉、触觉和味觉等各种感官之间灵活转移注意力。"[6]

回到视觉方面，另一种来自动物追踪的开放式清单技巧——周边视觉——在《自然观察与跟踪户外行动指南》中被视为探测自然环境中细微动作的最佳方法。警察也利用周边视觉来监测人群的动向。这项技巧要求视线在大范围内以软聚焦"扩散",而不聚焦于特定对象。尽管物体看起来模糊不清,但在这种模式下,眼睛对运动非常敏感,一旦你注意到一些细微变化,例如鸟儿飞起时树叶的颤动或小动物从底下经过时草叶被向下拖拽,你就可以迅速集中注意力。[7]

迄今为止,我们正在研究的两种通用观察策略——分类引导和编制开放式清单,均属于应用最为广泛的"慢观察"策略。在任何涉及经验观察的研究领域或人类活动中,我们都能发现将注意力集中于特定事物类别上(分类引导),以及以"广撒网"方式收集各种观察结果(编制开放式清单)的做法。此外,这两种策略还具有互补性:它们各自的优势都在一定程度上弥补了对方的不足。这些策略被称为"慢观察"策略,因为它们提供了一种结构化方法,帮助我们避免仓促浏览,同时也扩展和深化了我们的观察。

试一试

周边视觉

在户外的自然环境中进行这项活动,可以是林地、公园,甚至可以是自家后院。

- 注视地平线,放松目光,双臂侧平举,然后摆动手指。逐渐将双臂向前伸展直到你首次察觉到运动为止,这即是你的水平视野。
- 现在将一只手臂向上伸直,另一只向下伸直。从上到下进行同样的动作,这即是你的垂直视野。
- 现在将双臂放置身旁,并保持目光柔和而静止不动,留意周围环境中是否有异常的动静。

还有两种通用观察策略也值得一提。实际上，它们对于大多数人来说如此熟悉，以至于几乎不被视为策略。然而，将它们归类为策略有助于将其从认知流程中分离出来，以便研究或供特定目的之用。首先是比例和范围策略。

比例和范围

这一策略与调整物理视角有关，通常与分类和开放式清单策略并行，而非相互对立。调整比例和范围是一种常见的做法，我们难以将其视为一种独立的策略。然而，通过集中注意力和延长观察时间等技巧，它在"慢观察"中也起到了策略作用。

比例和范围策略的运用技巧包括改变与事物的距离或者调整视野宽度，以突出特定特征。尽管照相机、显微镜和望远镜等仪器具备以上功能，但通常依靠我们自身的感知已经足够。例如，我们只需简单地靠近或远离目标，就能够获得新的物理视角。

显微镜和后来的显微摄影技术的出现为仔细观察这一典型的比例和范围策略提供了强大工具。威尔逊·本特利（Wilson Bentley）将长期观察、事物的瞬息万变和聪明才智巧妙地结合在一起，以此成就了他的终身事业。作为一个农民和科学家，他被尊称为"雪花人"。他于1865年出生于佛蒙特州的杰里科小镇，并在那里度过了一生。自幼时起，他就被雪花的晶体结构深深吸引，并最终设计出一种将显微镜和照相机结合起来的高精尖方法以进行雪花研究。他采用冷却的天鹅绒面接住飘落的雪花，将其带到寒冷的后院棚屋中，然后，他戴上保暖手套操作特制设备，小心翼翼地拍摄雪花。随后，他对照片进行处理，使得白色的雪花在深色背景下更加突出醒目。他一生拍摄了五千多幅雪花照片，并对雪花晶体结构有许多创新性发现。

图 2.1　威尔逊·本特利（Wilson Bentley），《雪晶研究》
插图 XIX
摘自《气象月报年度摘要》，1902 年
资料来源：美国国家海洋和大气管理局（NOAA）

　　本特利对雪花的美感也非常感兴趣。在有关其作品的公开演讲中，他经常强调这一点，并认为自己的摄影作品兼具了艺术性和科学性。艺术家们也运用比例和范围策略，以缓慢而细致的方式观察世界，并通过他们的作品鼓励我们效仿。例如，当代艺术家维娅·塞尔明斯（Vija Celmins）利用极窄范围内的特写镜头拍摄令人惊叹的海浪图像，将观者的注意力引向水面的流体几何形状之上。

摄影师伊夫·阿蒂斯·贝特朗（Yves Arthus-Bertrand）通过高空广角摄影在其著名作品《鸟瞰地球》（*The Earth from Above*）中展示了地面上难以辨认的、绘画般的地形图案，引发人们对地面景观的关注。

艺术家查克·克洛斯（Chuck Close）的作品是我最喜欢的例子之一。他通过叠加多种形状，绘制出了巨幅像素化肖像画，巧妙地引导观众自行调整观赏距离。只有在特定距离下才能完整欣赏到作品的全貌，而近距离观察时，则可以看到单个形状组成的网格。（建议在网络上查阅该作品的全彩版本。）

博物馆讲解员应该如何引导参观者使用比例和范围策略呢？最直接的方法是让参观者自行改变物理视角。例如，她可以要求参观者坐在地板上或躺下，仰望雕塑。或者，她可以引导参观者站在一幅画作旁边，并描述当他们将视线离开画作 6 英寸时，画作会呈现出怎样的形态（这种活动具有惊人的启发效果）。常见的一种范围策略是采用框架，例如相机镜头的视角或画作周围的边框，甚至可以使用手指划定一个圆形边框来观察画面。因此，导游可能会为参观者提供纸板取景器，或要求他们用拇指和食指划定范围，并将画作中某个部分独立出来进行详细描述。以上任何一种策略都能够激发参观者进行"慢观察"，并通过结构化引导使其得以深入而非仅仅满足于第一眼印象。

并置

最后要提及的观察策略是并置。简言之，即将物体并排放置，通过对比来凸显特定特征。与比例和范围策略一样，由于并置策略过于常见，所以几乎无法称之为独立的策略。然而，当我们有意识地将物品并置以更清晰地展示每个物品的具体特征时，它便具备了一种策略功能。每当你摆放架子上的物品，并考虑到它们之间的互补性时，就是在运用并置策略。

这种策略在科学中的直接应用体现于动物学和植物学领域。在研究藏品时，科学家会将动物或植物标本并置以区分不同物种之间的异同。当然，博物馆也是藏品存放的场所，在展示方面有策略地进行并置是至关重要的。无论是植物标本、绘画还是陶瓷碎片，策展人通常都会精心设计展品之间的相邻关系，以吸引参观者注意特定特征。并置物体之间的差异往往易于辨别，例如同一艺术家不同画作之间的差异，或者来自同一地区、时代但由不同艺术家创作的作品之间的差异。然而，并置策略也可用于吸引人们对微小差异的关注。

在波士顿美术博物馆的美洲艺术展区，策展人精心策划了一次展览。展区巧妙地陈列着一排 18 世纪的椅子。这些椅子的制作风格完全一致，乍看之下几乎毫无区别。然而，在仔细观察和展签信息的启发下，人们开始留意到不同细木工匠对于标准设计特征诠释中的微妙差异之处。例如，所有的椅子均采用球爪脚设计——这是当时常见的一种构造方式，即将椅腿底部雕刻成鸟爪形状，爪中握有一个木球。其中一位工匠偏好鸟爪紧抓木球的设计，使得木球在爪子之间呈现凸起效果。而另一种设计则是轻轻将爪子放置于木球上方，仿佛鸟儿徐徐降落于此。

通过辨别这种差异，就会有更多发现。通过并置，最初看似平淡无奇的椅子组合很快就变得饶有趣味了。

此刻，由讲解员领着参观的这批参观者可能已经累了。然而，假设他们在博物馆餐厅飞快地用过点心之后重新精神焕发，那么讲解员应该如何巧妙地运用并置策略来帮助他们更好地欣赏更多画作呢？这当中蕴藏着众多可能性，并且各个教育领域的从业者皆对此了如指掌。他们可以将某个展厅视为一个整体，在所有艺术品中寻找相似与不同之处，抑或提出自己的并置方案，挑选两至三幅想要放在一起展示的画作，并解释其原因。这些策略均能取得成效。但遗憾的是，博物馆将于下午 5 点闭馆，参观即将结束。

策略剖析

本章所探讨的观察策略，包括分类引导、编制开放式清单、比例和范围策略以及并置策略，它们在各种情境下均具有广泛的适用性。这些策略被高级研究领域的专家用于获取复杂的观察结果，而对于我们每个人来说，在日常生活中的众多场合也都在运用它们。尽管这些策略涵盖了广泛的领域，但它们同时提供了明确可行的指导原则。使用分类引导策略能够让我们集中注意力；编制开放式清单为捕捉杂乱无章的感知提供了一种结构化方法；改变感知的比例和范围，则有助于从全新视角审视事物；通过并置观察对象凸显其相似和不同之处，使不易察觉的特征变得清晰可辨。

尽管每种策略各具特色，但它们共同具备两个重要特征。首先，这些策略鼓励人们进行深入观察，而非仅仅依赖于第一印象。无论是一幅画、自然界中的某个角落、历史文物还是日常生活用品，都需要细致观察。时间对于人类来说是宝贵的资源，若我们希望培养人们"慢观察"的能力，则需投入大量时间。以博物馆讲解员为例：她没有按照参观者期望的方式引导他们游览整个博物馆，以确保能够突出展示博物馆的众多亮点。相反，她给予了他们充足且真正充分的时间去观察。

其次，本章所探讨的策略更具技术性，即为教育工作者提供了有时称之为"脚手架"的支持工具，而非仅仅是分步指导。相较于简单地告诉你该如何去做，"脚手架"能够给予你支持和引导，使得你能够独立完成某项任务。本章所探讨的策略旨在激发个体培养自身敏锐的洞察力，而不仅仅局限于验证专家告诉他们应该观察到的事物。当人们通过自主观察逐渐理解观察对象时，他们更倾向于以超越专家信息所能传达的方式来理解复杂性并建立联系。这正是"慢观察"成为独特学习模式的原因之一。第八章将深入探讨"慢观察"与欣赏复杂性之间的联系。作为铺垫，下一章将介绍在四种截然不同的教育情境中践行"慢观察"的真实案例。

注释

1　你可以在 YouTube 上找到这段视频，但在此阅读相关信息可能会让你兴趣索然；几乎可以肯定的是，你一定会看到那只大猩猩。https://www.youtube.com/watch?v=vJG698U2Mvo。

2　Carson, C. （2007，Feb.）. Writing, writing, writing：The natural history field journal as a literary text. The Doreen B. Townsend Center for the Humanities. http://townsendcenter. berkeley. edu/article11. shtml。

3　Scholz, J. (1960). Connoisseurship and the training of the eye. *College Art Journal* 19 （3），226－230.

4　请参阅 http://eol.org/。

5　Whitman, W. (1892). Song of Myself. https://www.poetry foundation. org/poems-and-poets/poems/detail/45477.

6　Curtis, R. （1999）. Outdoor action guide to nature observation & stalking. Outdoor Action Program，Princeton University. http://www. princeton.edu/~oa/nature/naturobs.shtml.

7　同上。

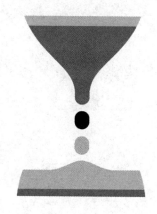

慢观察：观察学习的艺术与实践

第三章

"慢"的实践

2013 年 1 月 10 日，美国国家地理学会会士、记者保罗·萨洛佩克（Paul Salopek）开启了一段缓慢而遥远的徒步之旅。他的旅程始于埃塞俄比亚赫托布里——世界最古老的人类化石遗址之一。他的行走路径追溯着古代人类的迁徙路线，即人类祖先从非洲向全球迁移的轨迹。截至本书写作之际，保罗的这场徒步探险已经进入第五个年头。他的"走出伊甸园"（Out of Eden Walk）项目旨在通过这趟旅程讲述故事。[1]在这场预计历时十年的征途中，他将徒步旅行 2.1 万多英里，从非洲出发，穿越中东、高加索，经古丝绸之路走遍亚洲，直至俄罗斯和北极，最终沿美洲海岸抵达终点火地岛——这是大约 1.2 万年前大陆上最遥远的一个人类定居点。

保罗与当地徒步伙伴同行，步履从容，悠然自得，并定期写稿，在项目网站上发表文章。他通过揭示久远历史和隐秘事实的双重视角讲述当下的故事。本章以保罗的徒步经历为例，探讨与"慢观察"相关的两种实践方式。首先是"慢新闻"，即与"只求速度、只重突发新闻"的做法逆向而行的做法。其次是与保罗徒步之行相关的教育项目，一个旨在让全球各地的年轻人在自己的社区进行"慢观察"实践，并通过网络平台分享和交流的项目。

作为对"慢新闻"的探索实验，保罗策划了"走出伊甸园"项目，但他对快节奏的新闻周期并不陌生。作为一名两度获得普利策奖的驻外记者，保罗数十年来一直致力于报道全球新闻热点，但他坦言，"慢"已深入他的骨髓，并始终让其着迷。他表示："我所从事的职业视速度胜于一切。准确性同样重要，但速度更是关键。然而，在不知不觉中，我让这种职业适应了我的生活节奏。"[2]

保罗的徒步速度约为每小时三英里。这种步调与他的风格十分契合，诚如他在"走出伊甸园"项目的一篇报道中所言：

在徒步横跨地球的过程中，我重新学习了古老的"抵离仪式"，包括搭建与拆除营地、整理背包。这种仪式不但由来已久，而且给人以慰藉。通过品尝各地农作物，我用味蕾去感知不同地域的风土人情。作为一名经常搭乘喷气式飞机、驾驶汽车纵横四海的记者，我以一种从未曾设想过的方式，重新建立起与人类同胞之间的紧密联系。在徒步旅行中，与人相遇是常态。我不可能对他们视而不见或匆匆驶过。与人打招呼、每天与陌生人交谈五次、十次甚至二十次，这已成为我的日常。我沉浸在一场跨越两个半球、每小时三英里的漫步对话之中。正因如此，徒步为我在每个地方都营造出了"家"的归属感。[3]

保罗对于"慢新闻"的诠释可谓极致，然而这在新闻界并非孤例。小众但日益壮大的"慢新闻"运动基于一个简单的前提，即完成一篇发人深省、准确无误且引人入胜的新闻报道需要时间。保罗用徒步的方式进行报道，而有的记者则在一个地方一待就是几周、几个月，甚至几年时间。还有一些记者选择留在国内，将慢镜头对准本地的人物和景观。例如，《800万分之一》（*One in 8 Million*）便是本地"慢新闻"实践的典范，该专栏由54篇系列故事组成，前后历时一年。[4]每个故事都堪称一个普通纽约人的三分钟微型肖像画。这些故事通过摄影师托德·海斯勒（Todd Heisler）的系列黑白照片逐步呈现，辅以人物采访选段。我们听到了陪审团书记员、动物救援者、酒吧斗殴者、婚纱礼服设计师、市长家的女保姆、会计师、独生子女、体育迷的声音。故事篇幅不长，却自然流畅，不显匆忙。照片与声音交织在一起，营造出一种身临其境之感，仿佛与每位人物共同走过了一段时光。

"慢新闻"的呈现形式多样，既可以是纯文字，也可以结合多媒体元素，包括照片、视频和音频。在内容上，它既可以是长篇报道，令读者对某一话题的复杂性有更深刻的理解，也可以是短篇或中篇报道，让观众沉浸于细腻的瞬间和体验当中。但无论采用何种形式，"慢新闻"都有其独特之处。几年前，"慢新闻"一词刚出现时，记者马克·伯基-杰勒德（Mark Berkey-Gerard）梳理了印刷媒体对"慢新闻"的各种描述，并提出了一个至今仍广受认同的初步定义。他写道：

慢新闻：

- 放弃了超越竞争对手的执念。
- 注重准确性、质量和语境，而非单纯追求速度和领先。
- 避免追逐名人、热点和记者扎堆报道的事件。
- 投入时间深入调查，以揭示事实真相。
- 力求发掘和讲述那些不为人知的故事。
- 依托叙事的力量。
- 将受众视为合作伙伴。[5]

伯基-杰勒德的定义指出，"慢新闻"并非以抢先报道独家新闻为核心，也不带有典型"硬新闻"那种快节奏、伪客观的风格。它基于这样一种理念，即大多数故事的开端和结尾不仅仅局限于一则新闻头条；这些故事渗透在人与社区的真实生活之中，需要时间去深入挖掘。罗布·奥查德（Rob Orchard），作为"慢新闻"的知名代言人，也是《延迟满足》（*Delayed Gratification*）这本致力于"慢新闻"实践杂志的编辑，在一次 TedX 演讲中解释道，"慢新闻"应该"重在恰适，不在争先"，并且最重要的是，"它是关于投入时间去创造高品质作品的过程"。[6]

与"慢观察"一样，"慢新闻"旨在揭示第一印象之外的诸多信息。从这种意义上说，"慢"并不是保持某种固定的速度，而是像学者兼多媒体记者本杰明·鲍尔（Benjamin Ball）所描述的，需要投入"适当的时间"：

> "慢新闻"并非追求特定的字数、时长或制作时间，而是要触及观众，不仅在技术上触及观众，更重要的是在思想和情感上引发观众的共鸣。这里的"慢"描述的是沟通过程中的深度和道德取向，而非单纯的时间跨度或速度。[7]

鲍尔的观点揭示了"慢"的双重属性。首先，作为一种新闻实践，"慢记者"要仔细观察和倾听，才能创作出细致入微的报道。其次，"慢"也同样适用于观众。"慢新闻"会让观众在故事或场景中流连忘返、沉浸其中，就像《800万分之一》所呈现的配图散文，让我们能够短暂、从容地深入体验纽约普通人的日常。

对保罗·萨洛佩克而言，"慢新闻"所需的"适当时间"长短不一，形式也各不相同。他每两周发表一篇关于"走出伊甸园"的报道，字数通常在 600 字到 1 000 字之间。在《他们所留下的：沙漠中的迁徙印记》（*The Things They Leave Behind*）一文中，他讲述了移民工人的故事，他们怀揣梦想，夜行穿越阿尔法沙漠前往红海，希望在中东找到工作。在《电子绿洲》（*Electronic Oasis*）

中，他带领我们走进一位年轻埃塞俄比亚技术员和他简易沙漠充电站的世界，在这里游牧民可以带着骆驼和货物来给手机充电，而只需花费几分钱。而在《永远的 1989 年——被遗忘的高加索村庄》（*It's Always 1989 in a Forgotten Caucasus Village*）中，他在一个曾经熙熙攘攘但如今荒废、农舍散布的小镇稍做停留，与阿塞拜疆最后一位苏联式农场的管理员一同饮茶。

除了定期撰写报道外，保罗在"慢新闻"中也尝试采用极短的媒体形式。这听起来或许有些自相矛盾。每行走 100 英里，保罗便会停下来记录一个他称之为"里程碑"的片段，既包括沿途所见风景，也涵盖所遇之人。每个"里程碑"由若干部分组成，每个部分都相当简短，但它们共同构成了一种缓慢而沉浸式的时空体验。首先是一张该地点的照片，配以两到三句话的简介和地理坐标。然后，保罗在此地缓缓转身，拍摄了一组 360 度全景照片，展现了头顶的天际和脚下的大地。接着是时长为一分钟的"惊鸿掠影"，捕捉即时的视觉和听觉环境，例如沙漠中的风声、沥青上的雨声、干草中的脚步声和农场拖拉机的轰鸣声。最后，是他在该地点六英里内遇到的第一个人的照片，以及一段简短的采访。他总是询问相同的三个问题：你是谁？你从哪里来？你要去哪里？以下是他在塞浦路斯的皮拉角附近行走至第二十一个"里程碑"时，与一位 22 岁的农场移民工人相遇的故事。[8]

你是谁？

我叫贾斯卡拉（Jaskarah）。

你从哪里来？

我来自讷瓦舍赫尔（Nawanshahr），在印度旁遮普省。塞浦路斯是一个非常好的国家。我有两三个朋友在这里的农场工作。我来这里是为了工作，为了挣钱。

你要去哪里？

再过一年，我就回家。我想开一家自己的店，一家服装店。

这是我的梦想。

这些"里程碑"汇集了众多短暂时刻，引领读者慢慢体验每一个充满地方特色的时空。然而，从许多方面来看，这些"里程碑"同样具有全球性：每个"里程碑"都是保罗在环球徒步旅行中创建起来的，属于全球"里程碑"中的一环；每个"里程碑"都面向全球观众，而且大多在某种程度上跨越了地理和文化界限，引发了广泛共鸣。深入挖掘地方性内容从而在全球范围内建立人文联系，是贯穿于保罗新闻工作的核心主题。这一主题也将他的"走出伊甸园"项目和面向全球年轻人的在线教育项目联系了起来。

保罗与零点计划

2012 年秋天，保罗在为其徒步旅行做最后准备时，开始思索自己的项目是否可以融入教育元素。尽管他坚称自己并非教育工作者，但他意识到这次徒步对于个人而言将是一段学习之旅，他心想，或许他也能给年轻人带来类似的启示。他虽无具体的构想，却显然不愿其报道成为地理或世界历史教学的必读材料，从而沦为说教式的课程。他更倾向于寻找一种方式，能够真正传递这次徒步旅行的核心理念。他四处打听是否有人愿意与之合作，并在机缘巧合之下，找到了哈佛大学教育研究生院的"零点计划"（Project Zero），该机构在创新教育项目领域有着悠久的历史。而恰巧，那也是我目前工作的地方。

还记得与同事们第一次见到保罗的场景。他先是给我们发了一封有趣的便函，介绍即将开展的项目情况。于是我们邀请他到办公室，以便深入了解更多信息。等他到了，我们就聚在一间小办公室里，围着这位身材瘦削、神情严肃的男士，他则稍稍俯身对着笔记本电脑，准备讲述他的故事。几番交谈之后，我们明显感受到"走出伊甸园"项目的愿景与"零点计划"的学习理念不谋而合。具体来说，我们都深信"慢观察"与专注倾听的重要性，并致力于通过故事进行学习，同时积极推动有意义的跨地域、跨文化对话。

在另一次幸运的巧合中，一个名为"丰盈基金会"（The Abundance Foundation）的颇具前瞻性的小型慈善组织获悉我们的理念，也参与了这次讨论。由斯蒂芬·卡恩（Stephen Kahn）领导的丰盈基金会致力于推动健康、跨文化交流与艺术教育事业。作为一名急诊医生，卡恩对全球青年赋权事业有着浓厚的兴趣，他看到了"走出伊甸园"项目与"零点计划"的合作潜力，并表示愿意支持这项教育计划。于是，一个名为"走出伊甸园"学习项目（Out of Eden Learn）的种子就此播撒。三位"零点计划"研究员集思广益，共同构建了这个项目，每位成员都凭借各自的专业素养贡献了独到的见解。利兹·道斯·杜莱辛（Liz Dawes Duraisingh）拥有历史教学背景，特别专注于如何帮助年轻人将个人故事与更广阔的人类历史相联系。卡丽·詹姆斯（Carrie James）作为一名训练有素的社会学家，在研究年轻人在线互动中的公民行为和道德问题方面造诣颇深。我凭借在开发思维教学课程方面的丰富经验和对"慢观察"的浓厚兴趣，成为该项目的一员。

如今，"走出伊甸园"学习项目已经走过五个年头，它已发展成为一个在线文化交流项目，将全球各地的学生紧紧联系在一起。该项目以保罗的徒步旅行为主题，但它并非新闻类项目。它的灵感主要来源于"慢新闻"和"零点计划"学习理念相互交融的主题。项目的三大核心目标是鼓励学生：（1）放慢脚步，仔细观察世界，用心聆听他人；（2）分享关于人文、地理、身份认同的故事和见解；（3）反思自己的生活如何与更宏大的人类故事相连。

同保罗的徒步旅行一样，"走出伊甸园"学习项目也引起了广泛共鸣。迄今为止，来自 57 个国家、超过 1 000 个班级的 20 000 余名学生参与了该项目。项目的运作模式是：世界各地的班级被划分为小型、多元的学习小组，我们称之为"行走小组"，共同完成为期 12 周的课程。项目面向从幼儿园到高中的学生，每个小组基于地理位置、文化和社会经济因素考虑，由大约 8 个学生年龄相近的班级组成，以确保小组的多样性。课程围绕上文提及的主题开展每周活动。学生们在自己社区漫步，记录下想与其他学生分享的内容。他们积极参与采访活动，倾听邻里的故事，探寻自己所在社区与更广阔世界之间的联系，并对当前全球性问题进行深入研究。学生们通过"走出伊甸园"学习项目的在线平台发布作品，与同组的其他同学交流想法和观点。该项目免费开放，且适用于多种教学场景，包括幼儿园和小学课堂、英语语言文学课程、每周技术课、课间或课后强化班以及常规的历史和社会研究课程，教师们可根据各自的教学环境灵活运用。

从"慢观察"的立场出发，"走出伊甸园"学习项目的独特之处在于鼓励学生探索人类文化。首先，缓慢而细致地观察周边环境，包括邻里、日常物品和周边的人，然后，将这种"慢"融入与"行走小组"其他成员的在线交流讨论当中。值得一提的是，正如保罗·萨洛佩克及许多"慢新闻"记者未曾弃用电子设备一样，该项目并不要求学生们为放慢生活步调就将手机、电脑搁置一旁。相反，它鼓励学生像"慢新闻"记者那样运用各种适合的媒介，例如图片、视频、铅笔和纸，来记录他们的所见所感。

在我与同事一起开发"走出伊甸园"学习项目时，我们意识到强调慢节奏与学生们在学校里通常经历的快节奏教学形成了鲜明对比。但我们希望学生们能被这种以"慢"为核心的活动所吸引。出乎我们预料的是，学生们对这些活动表现出了极大的热情。事实证明，全球的年轻人似乎都渴望过上慢节奏的生活。正如一位 12 岁学生所言："当你放慢脚步，多加留意时，你会发现周围是一个全新的世界。"这也是许多学生共同的心声。一位 14 岁的学生分享道："只要你愿意花时间去观察，你会发现事物的惊人之处。"还有一位学生观察到：

现代人很少会放慢脚步，四处观察。显然，在马路中间这么做并不合适，但在其他地方，比如公园里，是可以的。不幸的是，这个世界总是冲啊冲，前行啊前进，从不慢下来欣赏他们所处的精彩世界。

（10 岁，加纳·阿克拉（Accra，Ghana））[9]

有一种普遍的观点是：当代生活节奏加快，而年轻人的注意力却短得可怜！上述感想却与这种普遍观点截然不同。人们经常抱怨说，学生的生活受到快节奏媒体，尤其是社交媒体的冲击，以至于他们对慢生活毫无兴趣。然而，在"走出伊甸园"学习项目中，显然他们乐此不疲。由此便产生了一个问题：究竟怎么回事呢？

对于这个问题，我们不妨做些推测。事实上，我和同事们也做过推测。不过，作为"零点计划"的专业教育研究员，我们自然也要着手寻找基于研究的答案。我们发现有两个相关数据源可用于解答该疑问。首先是学生在完成"走出伊甸园"学习项目后参与的在线调查结果。该调查涵盖了学生对项目的整体印象等一般性问题，而学生们在答案中经常提及"慢观察"。第二个数据源是学生在"走出伊甸园"学习项目平台上发布的真实作品，这些作品是他们在参与以"慢"为核心的项目活动时所创作的，例如他们每日在社区散步和记录日常生活时所拍摄的照片及其附带评论。因此，我们决定深入分析这两种数据。学生的调查结果让我们了解到他们对"慢"的看法；对学生作品的分析则揭示了他们在践行"慢观察"时的真实表现。

事实证明，学生们的反馈与行为之间呈现出显著的一致性。无论是基于对学生自我报告的调查还是对学生作品的分析，所得数据都聚焦于四大主题。这四大主题共同勾勒出学生们喜爱"慢"的原因及其如何亲身体验慢节奏的多维图景。本章接下来的部分将向读者呈现这些研究发现的精彩片段。

四大主题

这四个主题分别为新颖视角、探索视角、关注细节和平静安宁的精神享受。每个主题在概念上都具有独特性，学生们也认识到了这些主题的独特性。然而，主题之间确实存在一定程度的重叠。例如，当一名学生放慢步伐，仔细观察她所居住的社区并绘制出一幅鸟瞰图时，其作品展示了对细节的关注，如黄昏时分门廊的灯光和附近盘旋的飞蛾。因此，该地图符合"关注细节"类别。同时，该地图也揭示了该学生在探索一个独特的视角，她将其称之为"飞蛾视角"。因此，该地图也符合"探索视角"这一分类。尽管学生们的反馈可能同时适用于多个类别，但各个主题在概念上仍有所区分。接下来的章节将依次深入探讨每个主题。

新颖视角

我了解到世界上存在着许多不同的、奇妙的事物，只要我们停下脚步，观察一下四周，就能在自家门外发现无数神奇的东西。

（12 岁，加纳阿克拉）

年轻人在开始践行"慢观察"的过程中，常常有一种突然以全新的视角审视熟悉环境的感觉，仿佛周围世界正以全新的方式展现在眼前。一位孟买高中生在放学回家路上，开始留意那些曾经数百次经过但未曾注意的街景：理发师正在剪发，几个男孩在打棍球。美国一位五年级学生与父亲乘车时惊讶地发现社区中竟有如此多的停车场。在希腊比雷埃夫斯的一所幼儿园里，一名学生欣喜地发现学校操场的裂缝中蹦出了小小的植物。她每天在这个操场上奔跑、跳跃、玩耍，却从未曾留意过。

学生们能够轻而易举地找到适当的词语来描述这种体验。一位学生这样描述道：

我学会了要抽出时间，停下手头的一切，去观察周围的环境。正因为这样，我在自己的街区发现了许多新事物，注意到了以前从未见过的房子和人。平时我总是非常忙，这让我有机会去探索新的事物。

（12岁，美国加州洛杉矶）

另一位学生在网络上发布了一张照片，和他所属的"行走小组"成员分享，同时附上了这样的说明：

这张照片真的让我改变了对社区的看法，因为以往我从来没有真正停下来仔细观察周围环境。我也常常忽略那些人们通常不会注意的事物，比如石头。

（10岁，美国伊利诺伊州芝加哥）

而另一名学生写道：

过去我以为只有一种观察方法。比如，我经常去河边看河流。但这一次，我在观察河流时，发现了每一个细节，我看到了水蜘蛛、树木的倒影……只要细心观察，你就会发现，就那么一个小小的东西，里面居然藏着那么多值得一看的事物。

（10岁，美国康涅狄格州西哈特福德）

这些评论显示，对学生而言，以新颖的视角观察世界不仅是一种技能练习。据他们所言，漫步于社区的体验引人入胜、收获满满，有时甚至令人兴奋不已。

有这种感受的不仅仅只有学生。以新颖视角观察世界具有重要意义，这种理念也是哲学智慧和创造性实践的核心。具体应该怎么做呢？诸多建议如下：使熟悉的事物陌生化，重新定义日常生活，平凡之中见非凡。类似的建议流传了数千年，但我们还是要时时加以提醒，因为它们解决了人类感知中一个永恒的问题：我们需要用头脑中的概念和分类来理解世界，但恰恰因为如此，我们才无法发现意外之美。正如作家马塞尔·普鲁斯特（Marcel Proust）所言："真正的发现行为不在于发现新大陆，而在于以新颖视角去观察。"

探索视角

将日常感知转化为发现行为的一种方法是有意识地改变自己的观察角度。在"走出伊甸园"学习项目中，学生们很快就领悟到了这一点，并将其作为"慢观察"的一大重要主题。一名 10 岁学生如此解释道："当你用另一个角度去观察某件事物时，它会变得截然不同。"举个例子，一名 12 岁学生分享道："我走到街对面，趴在地上，以仰视的角度给我们家的房子拍了一张照片。我很惊讶，居然有这么多很酷的自然景观，还有这么多树叶！"另一名 10 岁学生一边在自家后院的围栏徘徊，一边说道："如果你把照相机调整到一个特定的角度，你会发现我们家的围栏似乎会无限延伸出去，无边无际。"

早年，"走出伊甸园"学习项目在其课程中设置了一项活动，旨在鼓励学生们在自己的社区内优哉游哉地漫步。学生的任务是拍摄那些能够引起他们注意的事物，并将照片发布到网上与同学们分享。浏览这些照片时，可以明显感受到学生们对于探索不同物理视角的热情，令人印象深刻。他们俯身捕捉游动的锦鲤或沙子的纹理，近距离观察落叶的脉络结构；他们爬上屋顶，拍摄鸟瞰视角的景象，或蹲下来拍摄前景中的小鹅卵石与远处的山峦；他们俯在栏杆上，从高处向下探视楼梯井，或以树上爬虫的视角进行快拍；他们躺在路面上，抬头捕捉电线纵横交错的几何图案，或近距离拍摄岩石、砖块、树皮、皱纸以及路边摊贩五颜六色器皿的特写镜头；他们还远距离拍摄了云朵、经幡和交通堵塞的画面，也在雨后清晨的人行道上捕捉下黎明时分的美景。

图 3.1
图片拍摄者：学生，12 岁，美国加利福尼亚州伯克利市

通常情况下，采用不同的物理视角也会引发学生观念上的转变。一位学生爬上学校屋顶拍摄照片，并提出以下思考：

我拍摄这张照片，就是想展示从不同视角看事物会有很大的差异。在这里，我正以前所未有的角度俯瞰着整个校园。平时我只能看到通往繁忙大街的阴沉、曲折的小径，以及仿佛将校园团团围住的灰色森林。但从这个角度，我能看得更远、更清楚。我开始用不同的心态思考这些事物。这让我意识到，要想看清事物的真实面貌，就必须考虑到生活中所有不同的视角。

（15 岁，美国伊利诺伊州水晶湖市）

图 3.2
图片拍摄者：学生，15 岁，美国伊利诺伊州水晶湖市

　　这位学生正沉浸在哲学思考中，他似乎非常欣赏心态转变带来的结果：能够"看得更远"。然而，和许多参与"走出伊甸园"项目的学生一样，他意识到要看清"事物的真实面貌"，与其说是从一个宏大的视角看世界，不如说是从万花筒般的丰富视角中去观察。保罗·萨洛佩克也持同样的看法。他穿行于世界各国，行走于不同地貌之中，在行走中展示了不同的物理视角，尤其是汽车主导的世界里的步行者视角。而他的报道也让我们得以透过那些旅途中的所遇之人，来了解世界，这些人包括商店老板、工匠、移民工人、当地向导、难民和农民。

　　保罗通过环球徒步旅行来探索各种视角，但其实在几个城市街区中就能轻松实现这一点。作家亚历山德拉·霍罗威茨（Alexandra Horowitz）在其著作《关于观察》（*On Looking*）中，将散步和观察巧妙结合，引领我们进行一系列视角转换。[10] 书中讲述了她在家乡纽约市的 11 次散步经历，每次都有不同的伙伴随行，帮助她以"专家视角"仔细观察周围环境。例如，在与城市人类学家散步时，霍罗威茨注意到行人在过马路时会出现结队行为，即跟随人群，但与他人保持适当距离；而与地质学家一起时，她学会了仔细观察办公楼的石灰岩正面，寻找 3 亿年前的蠕虫足迹化石。她与自己的爱犬在街区散步时，也学会了察看地面上人类和犬类活动的最新迹象。如商业大楼前烟头堆积如山，说明刚刚有人在此午休；栏杆底部尿迹斑斑，说明此处"犬来犬往"。虽然亚历山德拉·霍罗威茨并没有像"走出伊甸园"学习项目中的学生随手拍拍，但她会不断改变观察方式，探索新的视角。透过每一个新同伴的视角，她在城市街道中发现了又一层全新的细节。

关注细节

一位来自美国马萨诸塞州的五年级学生，为了总结自己在"走出伊甸园"学习项目中的经历，制作了一段短视频。这段视频记录了她精心观察过的事物，包括树皮、海滩上的石头、草叶以及她自己，所有内容都通过长镜头呈现，并自己配音。在视频中，她直接向观众们提出了这样一个问题："你有没有'视'而不'见'的经历呢？"她指出："我们每天都看到许多事物，却往往忽视了它们的细节。"这一开场白与霍罗威茨写作《关于观察》的初衷不谋而合。事实上，这一开场白说出了几乎每一个参加过"走出伊甸园"学习项目的学生的心声。"慢观察"意味着超越初步视觉印象，进而关注细节，学生们似乎对这种体验乐此不疲。正如一名来自伊利诺伊州的 12 岁学生所说："我每天都在探索微小之物，所以外出的每一天都是一次冒险。"由此可见，细节描述有着难以抗拒的魅力。我们再举一个更具体的例子：一名 13 岁的学生分享了一张照片，并在她的"行走小组"中对这张照片做了以下评论：

我一走出家门，首先看到的就是家家户户大门上不同的颜色和图案。每天，各种各样的鸟儿都在天空飞翔。你可以从其中一张照片上看到，鸟儿聚集在一起，组成了各种图案。你可以看到，所有的房子外面都有树和不同种类的植物。太阳出来的时候，不同树木的影子在路上形成了图案。我快散完步时，就被水果摊和气球那精致的外观给吸引了，它们的形状看起来也很像水果。

（10 岁，巴基斯坦拉合尔）

这位学生是在描述她的照片，但这种描述不是流水账式的汇报。事实上，在她描述的过程中，我们可以感觉得到，她注意到了照片场景中越来越多的细节。从天空中鸟群的图案，到路面上树木的影子，再到最后"水果摊和气球那精致的外观"，她的描述层层深入。这种详尽的描述具有重要意义。正如我们在下一章中将看到的，描述本身就是一种"慢观察"。对于学生们来说，这也是"慢观察"最显而易见的乐趣之一。正如一位 10 岁学生所言："你应该深入地、仔细地观察，并注意那些微小细节，因为只有这样做，你才能发现令人惊奇的事物，如果你不花时间，你是体验不到的。"

值得注意的是，当学生们开始关注细节时，他们往往会自然而然地采用上一章提到的通用观察策略。以一名学生对其智能手机细节的观察为例，她似乎是在运用"清单法"来记录观察结果。让我们来看看她是如何制作清单，展开观察的吧：

我注意到这部苹果手机是长方形的，大小刚好可以完美地放进口袋里。它底部中央有一个圆形的按钮，也就是主页键。手机表面非常平滑。在顶部中间位置，有两个圆形，其中一个位于正中央，略高于另一个且稍微大一些。这是自拍镜头。另一个圆形下方是一个带有圆角的矩形……

（13 岁，新加坡）

关于观察策略，我们再举一例。在加利福尼亚州丹维尔市，一位 10 岁的孩子运用比例和范围的观察策略，深入发现了新的细节。她描述道："我近距离拍摄那些铃铛的时候,我看到它们粉色的小叶和珍珠白的外观,还有很多小细节呢!"

上一章中提及的另一种观察策略是并置。一位佛罗里达州的学生就采用了这种方法来描述她在社区公园里发现的白色兰花。她这样描述道:"这朵兰花如同明亮的星星,在沼泽的中性色调中显得格外鲜明。"

图 3.3
图片拍摄者:学生,10 岁,美国加利福尼亚州丹维尔市

观察不仅依赖于视觉,学生们还经常通过多种感官来探索细节。例如,下面这位学生运用触觉、听觉和视觉,诗意地捕捉到了游泳时的多感官细节。

微风迅速掠过,轻抚着我的肌肤。街道空无一人,没有任何车辆。树叶随风摇曳,仿佛在翩翩起舞。海浪轻拍我的足边,发出潺潺和嘶嘶的声响。轻风拂过沙滩,带来一丝凉意,沙粒轻轻落在坚硬的大地上。海水冰冷,仿佛冰片般拍打我的脸庞。当我从水中走出时,冷水和凉风缠绕着我,令我不由自主地颤抖。

(14 岁,美国马萨诸塞州塞勒姆)

"慢观察"是否存在一种特定的顺序或一种自然的展开方式呢？或许有吧。正如前文所述，新颖的视角往往会自然而然地引导我们关注细微之处。一旦学生们的注意力被吸引，他们就会自然而然地投入到长时间的细致观察中，发现微小的细节和差异，辨识特征和界限，并在对周围世界的深入探索中感受乐趣。这种对细节的享受同样也是成年人的乐趣。体会一下鉴赏家在味觉或视觉上辨识细微差异时的愉悦；画家在精心描绘每一笔视觉细节时的热情；诗人在找到那个恰到好处的词汇时的满足；以及记者在呈现那些微小但极具启发性细节时的成就感。

草形态各异。在哈萨克语中，草的名称五花八门，有 jusan、jabaya、mortik、kuosik、mundalak 等。草的颜色也各异，有灰绿色的，翠绿色的，柠檬黄的，黄绿色的，还有星星点点的花朵点缀其中。

（保罗·萨洛佩克，穿越哈萨克大草原时所见）[11]

我拐了个弯，走进一条被树荫遮蔽的宽敞街道。附近的发电机发出噼啪声响；远处的警报声随着多普勒效应逐渐消失在地平线上；一只不情愿的小狗被拖着散步，它的爪子在混凝土上刮出声响，其他的声音则在空气中交织融合。

（亚历山德拉·霍罗威茨，在纽约市与一位盲人散步时所见）[12]

平静安宁的精神享受

学生们在"慢观察"体验中感受到的第四个主题是平静安宁的精神享受，与前三个主题有所不同，但同样引人深思。简而言之，根据学生反馈，放慢脚步让他们重新意识到生活中的重要事物，并时常感受到"慢观察"所带来的平和感。例如，一名来自俄勒冈州比弗顿的学生回忆她在街区散步的经历时表示："尽管只有短短的几分钟，但周围的一切都很鲜活，感觉真的很宁静、很平和。"一名来自巴尔的摩的学生也分享了她的感受："在户外漫步感觉非常宁静，当你放慢脚步，细细观察周围的时候，真的很美好。"学生们还指出，"慢观察"是对抗科技干扰的一剂良药。一位来自巴西圣保罗的学生建议说："暂时放下手机，这对提神醒脑很有帮助。"一个来自加利福尼亚的学生说道："我学到的是，当你坐在车里，开启一段长途旅行时，你不应该低头看手机，而应该抬头看风景。"

许多学生深刻体会到，通过亲近大自然，"慢观察"让他们深感平静安宁。显然，在他们对"慢观察"这一概念的解读中，大自然起到了不可或缺的作用。在"走出伊甸园"学习平台上，无论是来自五大洲各地、各年级的学生，还是来自不同城乡背景的人，都热衷于记录并分享周遭自然世界的美景。从他们的照片和评论可以看出，大自然令人振奋、发人深省，更是美轮美奂。例如，一位阿德莱德的学生分享了"街头野雏菊"的照片并称："惊叹于它们生机勃勃的活力。"她表示："即使没有人照料，这些花朵也以它们独特的方式绽放出生机盎然的美丽。"另一位来自印尼塞尔蓬的学生评论道："大自然之美超越了人类的创造力，令人叹为观止。"

正如这些评论所揭示的，学生们在大自然中探寻美的存在，进而深感豁然开朗、平静安宁，而对于美的感悟也在他们的表述当中不断流露出来。他们常将这种经历描述为一次自我发现之旅，"在街区散步时，我发现了所有以前未曾留意到的美……这让我深感惊奇"，一位五年级学生如是说。另一名学生在回顾她的课程体验时言简意赅地表示："我意识到……我错过了生活中太多的美好，有时候，放慢脚步去细心观察，是非常宝贵的。"

不出所料，这种发现之感通常与我们之前讨论的"慢观察"的各个方面紧密相连。学生们通过新颖的视角观察街区，并从中发掘美的存在；通过关注细节，注意到那些平日里容易被忽略的复杂之美；通过独特视角捕捉日常场景。

学生们似乎意识到了，发现并欣赏美本身就是一件有意义的事。虽然这看似显而易见，但当我们把这一观念放在传统教育活动的背景下来考虑时，其启示性更为突出。大量的正规教育活动涉及延迟满足——为了通过考试而努力学习，为了理解核心概念而记忆事实，为了掌握高级技能而死记硬背。然而，与此形成鲜明对比的是，通过"慢观察"，学生们切实地感受到，在世界中寻找美的过程本身就充满了价值。这种发现不需要其他理由，也不是仅为实现某个更长远的目标。

在学生们的上述评论中，还隐含着平静安宁的精神享受的一个重要方面："慢观察"赋予了他们反思自身生活的机会。一位学生深有感触地说："我每天都路过这里，却从未停下来欣赏这片美丽的风景。在这里，你会感到一种自由和与自己和谐相处的喜悦。你能够思考自己的问题，并试图找到解决之道。"另一名学生在当地的森林中漫步时反思："独自一人，我可以思考，自言自语，似乎所有的问题突然都能找到答案了。"还有一位学生注意到："我之前从未真正留意过这棵树……但在拍摄这些照片时，我恍然大悟，生活并非完全依赖于电子产品。"

总体而言，让学生们产生平静安宁的精神享受的各个主题都令人印象深刻。学生们表示，"慢观察"有助于他们感到平和，关注自然、欣赏美，并思考生活中的重要事项。对于疲于世故的成年人来说，这些见解可能听起来未免有些多愁善感，但忽视学生们的深沉情感有失尊重。"慢观察"似乎触及了学生内心深处，挖掘出他们对自身和周围环境既熟悉又新颖的见解。

卡尔·奥诺雷（Carl Honoré）对此并不感到意外。作为慢生活的知名倡导者和《慢活》（In Praise of Slowness）[13]一书的作者，奥诺雷认为："慢下来的巨大益处在于重获时间和宁静，从而与人类、文化、工作、自然、身体和思维都建立起有意义的联系。"[14]有趣的是，奥诺雷正是通过与自己孩子相处的经历得出了这一见解。和许多人一样，他原本过着忙碌、快节奏的生活。直到有一天，他为了在晚上的时候可以节约一点给孩子读故事的时间，打算在书店里买一本睡前一分钟读物。他回忆道："那一刻，我突然意识到，我已经在快节奏的生活中失控了，甚至在一天快结束的时候还想要缩短与孩子们相处的宝贵时间。我开始思考，一定有更好的生活方式，因为一味追求快速并不是真正的生活。这激发了我去探索慢下来的可能性。"[15]参与"走出伊甸园"学习项目的学生们似乎也有着类似的观点。一位瑞士高中生在一次班级慢步行走中的反思，深刻地呼应了奥诺雷的观点：

> 我们集体散步时，我发现自己异常安静，全心全意地感受着周遭的一切：从遥远的阿尔卑斯山吹拂而来的清新空气，昨天和今早的雨水渗透地面后带来的湿润，那层挂在空中的薄雾，鸟儿偶尔的啁啾，还有脚下碎石路的嘎嘣声。有时，这些都只是快速流逝的背景噪音，因为我的注意力总是被紧迫的事务所吸引：截止日期、会议、日程安排。今天，我重新认识到，专注是一种选择。我可以选择留在此刻，细细观察这些美好的细节。最后，我思绪清晰地返回了学校。

关于正念

"慢生活"运动经常与正念相联系，后者指的是全心全意、不加评判地关注当下的心理状态。在当代文化中，对正念的追求备受推崇，这种心态被视作对抗现代生活快速、纷乱步伐的良方，与奥诺雷倡导的"慢生活"理念不谋而合。正念常和禅宗、瑜伽、冥想及其他培养静态、平和与专注的实践相结合。这些理念已深入我们的文化当中，有时甚至成为学校课程的一部分[16]，因此学生们能够理解并体验这些观念也就不足为奇了。正如一位14岁学生兴奋地描述道："清晨和黄昏的鸟鸣、清爽的微风、日间的凉爽阴影以及花朵的芬芳，都带来了禅意般的美妙体验!"

我非常赞成正念，并期望在我的生活中能够更广泛地加以应用。我深信，如果世界各地都普及正念，我们的世界将变得更美好，但需要明白的一点是，尽管"慢观察"有时伴随着正念状态，但它并不是必需的，关键在于避免将二者混为一谈。

正念通常被视作一种品格上的美德，有时甚至被视为道德美德：在性格层面，正念通过全心投入当前时刻，且不带评判地接纳自己，来促进心理健康；在道德层面，它促使人达到最可能引领正确洞察和行为的心态。相对而言，我所定义的"慢观察"则是一种认知美德，其核心价值在于获得知识。追求知识的过程有时伴随正念，有时则不然。从认知价值的角度来看，持有正念并非总是更为优越。教育视角下，这种区分极为重要。虽然"慢观察"在精神层面上或许不如正念那样深远，但它更具包容性。回顾本章前文讨论的"慢观察"的特点——以新颖视角看世界、探索不同视角、关注细节。这些活动有时能带来平静与安宁，但也并非总是如此。观察的过程有时太过急促，不安感驱使着过程的推进，且新视角可能令人震惊甚至不安。在教学中，这一点至关重要，因为这意味着"慢观察"的成功不仅仅取决于学生是否达到了正念状态，而它的成功在于为年轻人提供观察世界的机会和工具，让他们为了更深入地了解周遭而慢下脚步。他们将以何种心情和节奏进行这一过程，则完全取决于他们自己。

注释

1 Salopek, P. (2013 - 2017). Out of Eden Walk. *National Geographic*. 检索自 http://www.nationalgeographic.org/projects/out-of-eden-walk/。

2 Salopek，P.（2016，December 14）. 引自个人访谈。

3 Salopek，P.（2015，December 12）. Exploring the world on foot. *The New York Times*. 检索自 https：//www. nytimes. com/2015/12/13/opinion/exploring-the-world-on-foot.html。

4 One in 8 million.（2009）. *The New York Times*. 检索自 http://www. nytimes.com/packages/html/nyregion/1－in－8－million/。

5 Berkey-Gerard，M.（2009，July 29）. Tracking the 'slow journalism' movement. *Campfire journalism blog*. 检索自 http://markberkey gerard.com/?s＝slow＋journalism&submit＝Search。

6 Orchard，R.（2014，October 13）. The slow journalism revolution. TEDx Madrid. 检索自 https：//www. youtube. com/watch? v ＝ UGtFX tnWME4。

7 Ball，B.（2016）. Multimedia， slow journalism as process， and the possibility of proper time. *Digital Journalism* 4（4），436.

8 Salopek，P.（2014，July 11）. Milestone 21：Cyprus. Out of Eden Walk. *National Geographic*. 检索自 http：//www. nationalgeographic. org/projects/out-of-eden-walk/milestones/2014－07－milestone－21－cyprus。

9 本章引用的所有学生的言论和图片均来自"走出伊甸园"学习项目数据。学生访问该平台需密码登录，收集的数据均进行了匿名处理。为保护学生隐私并遵循大学研究审查标准，本章不对学生的言论进行具体引用，以避免泄露任何学生的身份信息。另外，引文中提到的学生年龄均为概数。这是因为学生以班级身份加入平台：虽然班级的年级是已知的，但学生年龄则是根据年级内的年龄范围估算的。因不同国家的年级编号不同，本章引述主要表明学生的大致年龄而非确切年级。

10 Horowitz, A. (2013). *On looking: Eleven Walks with Expert Eyes*. New York：Simon and Schuster.

11 Salopek，P. (2016，June 2). Watch：An ancient prairie comes back to life. Out of Eden Walk. *National Geographic*. 检索自 http://www. nationalgeographic. org/projects/out-of-eden-walk/articles/2016 - 06 - watch-an-ancient-prairie-comes-back-to-life。

12 Horowitz，p. 186.

13 Honoré，C. (2004). In Praise of Slow：How a Worldwide Movement is Challenging the Cult of Speed. Toronto：Vintage Canada.

14 Honoré, C. (n. d.). *In Praise of Slow*. 检索自 http://www. carlhonore.com/books/in-praise-of-slowness/。

15 同上。

16 请参阅 http://www.mindfulschools.org/。

慢观察：观察学习的艺术与实践

第四章

观察与描述

　　"慢观察"和描述之间难免有所联系，因为在慢慢观察、仔细观察时，我们通常也会加以描述，或说给他人听，或说给自己听。在从参与"走出伊甸园"学习项目的学生身上，我们看到了这一点，再者，对此我们也不难想象。

　　设想一下，如果让你在脑海中构思几句话，描述一下此刻你在阅读这些文字时所看到的页面或所用的屏幕，或许你会觉得这个要求很奇怪，但在说到第三句话时，你或许会注意到一些之前未曾留意过的特征，例如页边距、页面纹理等。另外，鉴于本书的主题是"慢观察"，你或许会更倾向于寻找视觉上的细节，而如果换成其他类型的书籍，你可能就不会这么做了。

　　描述时的构思过程可以感知，可以让我们实实在在地看到更多事物，而在这一过程中怀有何种心态则会对我们之所见产生影响。

　　本章旨在探讨"慢观察"与描述之间的种种联系。首先，很简单，我们先给描述下个定义。描述就是呈现事物的外在特征，其目的在于捕捉或生动传达事物的外观。该词源自拉丁语"describere"，意思是"记录"。一提到描述，我们就会想到语言表达，比如写日记或口头记录观察结果，但描述不必局限于语言。例如，观察性绘画就是描述的一种形式，它利用图像来呈现事物的外观。另外，音乐或声音也具有描述性，可用于传达生动的体验，例如，用拍手声来仿拟雷声，而乐曲则可以描绘田园风光。动作也可以是一种描述形式，例如，人们用手比画朋友的身高，舞者伸展身体来表现太阳升起。

描述是如何起作用的呢？让我们先从文字入手吧。请看美国小说《哈克贝利·费恩历险记》（*The Adventures of Huckleberry Finn*）中的这段文字。哈克看着太阳从密西西比河上冉冉升起。且看哈克是如何有感而发，娓娓道来的吧。

四周没有一点声音，简直清净极了，就像全世界都睡着了似的，只有蛤蟆偶尔呱呱乱叫几声。朝水面上往远处望去，首先看到的是一条朦朦胧胧的线，那是河对岸的树林，别的就什么都看不见了。接着天空露出了鱼肚白，慢慢晕染开来，这下子老远的河面也渐渐显得柔和起来，不再那么黑乎乎一片了，变成了灰色。在远处，可以看到一些漂动的小黑点——那是载货的驳船之类的东西……[1]

从哈克对场景的文字描述中，我们可以感受到，他对该场景的认知在不断地深化并逐步成形。这不仅仅是一种文学手法：科学家和诗人一样，同样会使用语言描述来进行更加细致的观察。视觉艺术家也是如此，他们会通过素描来"见"其所见。描述是"慢观察"的重要引擎，它为我们提供了许多深化观察的结构框架，推动着观察进程不断向前发展。不仅如此，我们在描述过程中所采用的方法和思维构架也深刻地影响着我们之所见。例如，在上述段落中，我们透过哈克的视角观察到日出的景象——哈克是一个虚构的角色，因此我们也透过作者的视角看到日出。假如哈克是另一种角色，比如，假设他是密西西比河的航运商人，而不是一个 14 岁的男孩，那么他或许会在顺口说出那些小黑点是"货运驳船之类的东西"时，观察到更多细节。假如作者萨缪尔·克莱门（Samuel Clemens），即马克·吐温，年轻时没有担任过密西西比河船舵手，那么他笔下的哈克可能就不会那么敏锐地捕捉到黎明时分天色渐亮，河水变柔和、消失的样子。

描述的特点

"描述"一词的用法相当宽泛。例如，我们会说"描述想法、感受或感官印象"，也会说"描述一次公交之旅""描述吃过的一顿饭"，或是"对生命意义的看法"。但谈及"慢观察"，描述主要涉及可以通过感官观察到的现象。相应地，本章讲述的就是对这些现象的描述，也就是对你能看到、听到、闻到、感觉到和尝到的事物的描述。在这一框架之下，请仔细思考这个问题：描述何以成其为描述？你或许会发现这个问题只可意会，不可言传。当你看到或听到某个描述时，你马上就会知道它是什么，而有人提出要求时，你也会知道应该如何进行描述。举个例子，假设我让你描述窗外的景色，你马上就会明白，我是想让你告诉我场景中各种可观察到的特征，包括你看到的物体、地形地貌、建筑物或天空的色彩等。无须多想，你也能明白，我并非要你讲述社区的历史，也不是要你分析邻居之间如何勾心斗角，更不是要你长篇大论地探讨当今世界邻里关系现状。与此相反，我的要求非常明确——我只是想请你描述一番，来帮助我更好地脑补你的所见所感。

作为"认知框架"的描述

学者沃纳·沃尔夫（Werner Wolf）将描述视为一种"认知框架"。[2]他指的是，当我们进行描述时，以及当我们阅读、聆听或以其他方式接收他人所做的描述时，在心理上会特别留意某些可知特征。具体来说，就是会留意事物的表象。正如沃尔夫所说，描述的目的在于传达"是什么"，即物体和现象从表面上看是什么样的，而不在于它们为何存在、如何运作或具有何种功能。当我让你描述窗外的景色时，你一下子就会明白我在问什么，这是因为直觉让你接受了这种认知框架：你知道我是对你所看到的事物"是什么"感兴趣。

要让描述概念更加明晰，就要看它与其他认知框架相比有何不同。例如，在文学作品中，描写与叙述形成对比。无论是长篇小说、中篇小说、论述文还是诗歌，文学作品中的描述性篇章揭示的都是事物在某一特定时刻的外观，而叙述性篇章讲述的则是一段时间内发生的事情。换言之，描述具有空间性，它描述的是可感知的特征；而叙述是具有时间性的，它涉及过去、现在和未来三者间的联系。

当然，大多数文学作品都将描述和叙述交织在一起，二者并非泾渭分明，只是侧重点有所不同。回想一下上文中的《哈克贝利·费恩历险记》选段。在哈克描述密西西比河上的日出时，时间肯定会流逝，因为太阳升起需要时间。但是，这段文字将重点放在描述；在哈克讲述脑中的印象时，凸显出了一种"当下感"。尽管这一场景发生于多个瞬间，但我们已经稳稳当当地把它放在脑海中，以备描述之需。

即使是历经数年的场景，也会有这种当下感。以下是自然文学派作家巴里·洛佩兹（Barry Lopez）在他的著作《北极梦》（*Arctic Dreams*）中对驯鹿迁徙的描述：

鹿群离去后，其产崽地似乎变成了地球上最荒凉的地方，但人们清楚地知道，驯鹿们来年还会回来。当它们返回时，这里几乎不会有什么变化。产崽地上的一堆粪便可能需要30年才能分解，被狼咬死的驯鹿尸体可能三四年都不会腐烂。时光汇聚在这片寂静的土地上，随后消散。这片原野上没有任何运动的痕迹。[3]

这种当下性是描述的一个重要特质。沃尔夫指出，描述往往不会引起悬念，而这从部分程度上正好解释了描述是如何作为认知框架发挥作用的。我们并不希望描述会让人感到坐立不安，担心下一秒会发生什么；相反，我们期望通过描述来唤起我们对事物表象的生动感知，将其定格在一个瞬间——甚至是一个漫长的瞬间——从而勾勒出一幅完整的视觉或感官画面。

在视觉艺术领域，描述性和叙事性框架形成了鲜明对比。尽管视觉艺术倾向于使用"描绘"一词而非"描述"，但二者终归是一码事，均旨在传递一种鲜活的视觉感受。从表面上看，绘画和雕塑就其精神实质而言尤其具有描述性，这在很大程度上是因为这些艺术形式是静态的，因此似乎"关乎"事物那一刻的外观。当然，绘画也好，雕塑也罢，都会"讲述"故事，一个又一个的故事。例如，一幅描绘战场的油画讲述了历史事件、文化心态，以及关于艺术家及其所处时代的传记故事；从艺术家所做的各种选择中可以看出，这幅油画或许还讲述了有关创作过程的故事。相比之下，雕塑的描绘性则在于如何呈现作品的特定部分，从而生动地传达物体或事件的表象。描绘的内容可能是领口的花边、涌动的海浪、马脖子上紧绷的肌腱。图像化描述的"本质"与语言描述相同，都是为了引发联想。其目的在于唤起人们对所描绘事物的生动感官印象。艺术家们可以运用许多不同的方法来唤起这些生动的印象。艺术之所以成为艺术，正是因为这样的差异：虽然都在描绘人体，马蒂斯（Matisse）的线条简洁优雅，而达·芬奇（Leonardo da Vinci）的绘画则细腻且极富细节。

在科学领域中，与描述形成对比的认知框架是不同的。该框架为解释性框架，而非叙述性框架。科学家有时会将描述性研究与假说驱动型研究区分开来，前者主要是观察、记录自然现象并对其进行分类，事先并未预设具体的研究问题，而后者则侧重于通过实验来解释事物的工作原理。这只是一种大致的区分，两者的界线同样也是模糊的：从某种程度上来说，几乎所有科学家的工作都与解释息息相关，这就好比所有科学家的研究都应基于客观、可观察的（即"描述性"）数据一样。但显然，有些科学工作主要集中于挖掘事物"是什么"，而另一些则更多地关注"怎么做"和"为什么"。例如，海洋生物学家在探索未知的海底时，她的工作可能更偏重描述，而当她研究海洋温度对该区域鱼类数量的影响时，则更偏重解释。尽管在科学实践中，描述与解释密不可分，但每个框架都有其独特的步骤与标准。描述包括观察和记录那些直接通过感官或仪器感知到的细节。此外，至少从理论层面上来说，所描述的现象必须是其他人可以观察到的，而解释则包括寻找原因、展开推理、形成和验证假说以及做出预测。

所有这些与"慢观察"有何关联呢？与描述相同，"慢观察"也涉及一种认知框架，即关注事物"是什么"。它的重点在于关注事物的本来面貌，而非讲述故事，讲述事物为什么会这样，或它们是如何形成的。

描述和细节

我有一把嘎吱嘎吱作响的老式木制办公椅，可以旋转、倾斜和滚动……这是一把所谓的银行家椅，有弧形的座位、弯曲的扶手和轮廓分明的靠背……[4]

维托尔德·雷布琴斯基（Witold Rybezynski）

描述不仅仅是一种特色鲜明的认知框架，而且对细节也有所涉及。如果你让我描述我所坐的物体，而我只是简单地回答"椅子"，你很可能不会满意，想获得更多的信息，比如椅子的款式、材质，以及它是否像雷布琴斯基的椅子一样"可以旋转、倾斜和滚动"。要让描述发挥作用，唤起生动印象，通常不能局限于一字一词。实现方式诸多，例如列举特点、进行比较、突出基本特征、提炼关键特质。下面是对日出的另一种描述，出自萨拉·沃特斯（Sarah Waters）的小说《指匠》（*Fingersmith*）。与哈克的日出一样，地平线上也有工业化的痕迹，但给人的感觉却截然不同。

黎明已破晓——我把黎明想象成一颗鸡蛋，壳破了一条缝，蛋液流了出来。我们眼前全是英格兰的绿色田野，上面有河流、道路、藩篱，还有教堂、烟囱，袅袅升起的炊烟。烟囱越来越高，道路和河流越来越宽，烟雾越来越浓，乡村也越来越远了。在田野的尽头，出现了一团模糊的黑暗，像是污渍，又像火里的煤炭，阳光照在玻璃窗上，照在金色的穹顶和塔尖上，发出亮闪闪的光。那团黑暗就像火里的煤炭，四处迸发火星。

"伦敦，"我说，"啊，伦敦！"[5]

在某些情况下，唤起功能是通过提供丰富的细节来实现的，如上文沃特斯对伦敦的描述。然而，它也可以通过简短、精练的表达加以实现。俳句就是一种具有绝对描述性的诗歌形式，其最突出的特点就是能够捕捉对事物的直观感受。但一首俳句只有简短的三行文字。有人将俳句的长度描述为"一呼一吸间"，而其传神性则来自于少量元素的艺术并置。

> 手执草鞋
>
> 悠然自得
>
> 涉渡夏河
>
> （与谢芜村（Yosa Buston），18 世纪）

这首诗巧妙地将为数不多的细微之处结合在一起，唤起生动的直观感受：我能听到河水湍急的声音，感觉到它流过我赤裸的双脚和脚踝，还能闻到空气中清冽的气息（我把它想象成溪涧），尽管诗人并未特别提及这些细节。

描述与主客体之分

描述的另一个特点与观察者和描述对象之间的距离感或分离感有关。描述事物需要区分主体和客体。要想拥有观察者的视角，我们至少要想象自己部分超脱于观察对象。

符号学家和哲学家纷纷对人类区分主客体的诸多难题展开深入思考，探讨如何获取区分意识，区分意识意味着什么，以及鉴于人类思维的内在局限性，这种区分意识在逻辑上是否站得住脚。面对这一庞大的研究领域，我心存敬畏，只敢游走边缘，管中窥豹。我提出了一个简单的观点：我们对于描述的概念存在一种直观的认识，即描述者与被描述者之间存在某种程度的分离；否则，我们的自我意识将渗透进我们身边的所有事物之中，从而消除我们与其他事物之间的界限感。为了更好地理解我的观点，请回到之前让你描述的窗外的景色。在我要求你进行描述时，无论你在主观上如何纠结于所看到的事物，你仍能够立刻将自己与场景拉开一定的认知距离。换句话说，你将这一场景视为超越身心之外的可知之物，但这并不代表你就站在了客观的立场上。描述者与被描述者之间的距离有很多种，既有跨学科的，也有学科内部的。同样是描述田野考察，有的自然学家可能既冷静又枯燥，有的则更活泼、更投入。一些新闻记者以硬新闻的客观主义风格进行报道，而另一些记者则像保罗·萨洛佩克一样，将自己的经历融入所写的故事中，成为故事的一部分。

稍后，我们将探讨进行描述的具体策略。行文至此，我们先做个小结吧。前文从三个维度探讨了我们对于描述的普遍理解。首先，我们认为描述是一种认知框架，它使人们关注事物的表面特征。将描述与叙事性认知框架和解释性认知框架作对比，前者侧重于叙事，后两者分别侧重于分析与阐释。其次，我们知道，描述并不仅仅是下定义，描述意味着赋予事物生动性，以唤起人们对所描述事物的印象。最后，我们认识到，描述行为涉及主体/客体的心理活动：描述就是假定（至少在那一刻）观察者与被描述事物相互分离。

描述和"慢观察"常常相互联系、相互支撑。"慢观察"能够帮助我们更好地描述所看到的事物；描述也有助于我们放慢脚步、仔细观察。虽然二者紧密相连，但其实不必刻意将其联系在一起。例如，描述涉及对所见之物的某种重现或复述；然而，"慢观察"也涉及正念与冥想，其强调人们在形成感官印象时，密切关注事物的变化，而无需刻意地去表达或"重现"它们。同样，"慢观察"也强调避免走马观花式的浏览，有一些描述技巧则有意避开此种现象。例如，意识流或印象派的写作，旨在捕捉快速、不假思索的即时感官印象和感受。然而，即使是这些看似不相关的例子，也与"慢观察"有着共同的认知框架，即强调"是什么"而非"怎么做""为什么"或"从何而来"。因此，要了解描述如何发挥作用，就要深入理解"慢观察"的一个重要维度。

"慢观察"与描述策略

研究心智如何运作的人，无论是哲学家还是科学家，可能会说，任何一种有意识的心理形象化过程都与描述有关，因为我们在塑造思想时都会用到这一认知框架，这是无法避免的。换言之，尽管有正念修为（mindfulness practices）和意识流写作的存在，我们仍需自我描述感官印象，因为这是我们认识感官印象的唯一方式。从技术层面上来说，这似乎是正确的。但从日常经验的角度来看，我们能够立刻分辨出刻意描述与仅仅拥有感官印象之间的差别。为了更好地理解这一点，不妨试试以下练习：环顾四周，留意附近的某个物体，马上告诉自己那是什么，然后将视线移开。接着，再次观察同一物体，并花几分钟时间在脑海中详细加以描述，权当自己是在向别人介绍它的样子。如果你花点时间慢慢完成这个练习，你或许会发现，组织语言进行描述这一行为有助于集中注意力、增强观察力。当你开始描述事物时，几乎可以肯定的是，你所观察到的东西远比你自认为在第一印象中所感知的东西要丰富得多。

寻找细节

"描述有益细致观察"，这一理念对于任何一个写作教师都并不陌生：部署写作任务，要求学生详细描述某个物体或场景。在此过程中，学生能够记录下比初次观察时更加全面的细节。因此，从教育的角度看，教授"慢观察"的最简单的方法之一便是给予学生足够的时间和鼓励，将所见化为文字。在前一章谈及的"走出伊甸园"学习项目中，这种通用策略得到了充分应用。该项目为学生提供了充足的时间，让他们以图文并茂的形式描述日常生活中的普通场景。将描述诉诸文字并与同学分享的过程，完全达到了预期效果：它鼓励学生放慢步伐，更加关注周围的细节。

"提供足够的细节"是最常见的描述方法之一，而观察则是关键。摄影师兼自然学家戴维·李特舒瓦格（David Liittschwager）的作品便是一个绝佳范例。在"一立方英尺"（One Cubic Foot）项目中，他将一立方英尺的透明相框放置于多种多样的自然环境之中，从纽约的中央公园到南非的桌山，不一而足，巧妙地融合了科学与艺术。（网上有李特舒瓦格摄影作品的全彩版本。）

在每个场景中，他与若干合作者共同努力，详细记录并拍摄了 24 小时内在这个框架里生活或穿过这个框架的所有生物。以下引文选自李特舒瓦格早期合作者之一、生物学家 E. O. 威尔逊（E. O. Wilson）对他在立方体中所见景象的描述：

> 在花园里翻土种植时，你会发现杂草中有各种各样的昆虫，或爬行，或啁啾；还有虫子和不明生物蠕动着或四处逃散，寻求庇护。还有那些令人讨厌的蚂蚁，在它们的巢穴不慎被挖开时成群涌出，以及在泛黄的草根下暴露出来的烦人甲虫幼虫。一翻开石头，会有更多生物映入眼帘：幼蛛和各种形态各异的不明苍白生物在真菌丝层中悄然穿行；微小的甲虫躲避着突如其来的光亮，而蚂蚱则蜷缩成球状以自卫；蜈蚣和马陆，这些外形像带甲壳的蛇的生物，也迅速挤进最近的裂缝和虫洞之中。[6]

威尔逊的描述令人联想到编制清单，这是在第二章中论及的通用跨学科观察策略。但威尔逊并没有简单罗列清单：他以丰富的细节生动地描绘了昆虫的爬行、啁啾、蹿动和蠕动，为整个描述注入了生动的活力。

阐述细节与我们通常所说的"描述"概念几乎不谋而合，而相关策略和建议更是数不胜数。写作教师鼓励学生运用所有感官（包括视觉、听觉、触觉和味觉等）进行观察，充分描述所见之物，进行"慢观察"，捕捉更多细节。所有这些策略背后的核心步骤均在于鼓励细致观察：观察更多特征、更多特性、更细微之处、更多细节。

多视角观察

除了关注细节之外，另一个有助于描述的补充策略是多视角观察。这种方法要求我们改变观察的角度，以全新的视角来审视事物。总体上，存在三大类视角策略，每类策略都是描述性实践中不可或缺的一部分。

物理视角

它关乎改变个人的物理视角，以便从不同的角度观察和描述事物。对这一主题我们并不陌生：在第二章，我们曾探讨过"比例和范围"观察策略，强调从不同物理视角，或远或近，或高或低，来观察事物的重要性。同样，在前一章中，我们还见识了"走出伊甸园"学习项目中学生们如何以独特的物理视角拍摄照片，如从昆虫的视角观察树木，或观察水坑中城市景观倒影，并常以这些照片作为丰富语言描述的灵感之源。

1977 年的短片《十的次方》（*Powers of Ten*），由设计师查尔斯·埃姆斯（Charles Eames）和雷·埃姆斯（Ray Eames）夫妇制作。这是一部关于视角描述的经典之作，如今看来它仍然令人叹为观止。[7]影片开头是一个空中镜头：两个人正在芝加哥的公园里野餐。第一个镜头摄于夫妇二人头顶上方一米处，每 10 秒放大十倍高度，逐渐上升至 10 米、100 米、1 000 米高度，依次叠加。每个视角都配有旁白，简要描述所见景象。我们先是看到整个湖畔公园，然后是芝加哥海岸线。接着，在几次跃升之后，是地球的蓝色球体，然后是整个太阳系。接着又是几次跃升，我们就飞速穿越了银河系，直至距地球 1 亿光年之遥。从这个角度看去，视野近乎一片黑暗，只点缀着些许遥远的光。此时的旁白是："这孤独的景象中，星系如尘埃般细小，却展现了大部分宇宙空间的真实面貌。"之后，镜头快速倒退回地球，直至聚焦到野餐毯上熟睡的男子的手上。此时，镜头再次以十倍的速度缩放，进入男子的皮肤，每 10 秒缩小 90％的距离。旁白继续描绘从不同视角看到的景象：首先我们穿过皮肤层进入血管，再穿过细胞外层和"毡状胶原质"，进入白细胞，然后穿过"盘绕的 DNA 螺旋卷"，最终抵达单个碳原子的振动核心。整部短片时长 9 分钟。

陌生化策略

在短片《十的次方》中，我们体验到那些时而令人惊叹不已，时而又令人目不暇接的多视角景象，这展现了另一视角策略——陌生化策略。

想象一下，你是一只快乐地生活在森林里的四足动物。有一天，你偶然发现了一个极不寻常的物体——一个类似皮革袋的容器，大小和形状像一只没尾巴的空心松鼠，顶部小孔里穿插着交错的藤条。你小心翼翼地嗅了嗅，俨然就是庞然大物的气息。后来你才知道，其实那是一只人类的鞋子。

从陌生化的视角观察事物是一种常见的描述策略。这类似于"走出伊甸园"学习项目中学生所谓的"以新颖视角看世界"，其核心在于打破既有认知，以新视角看待事物。这种策略也是人类学家和社会学家常用的工具之一。他们时常努力使自己对本土文化的先入之见变得陌生，以便从新角度解读人类行为和文化。例如，一位文化人类学家可能会将晚餐盘旁的那个尖锐金属物体不视为叉子，而视为一个反映遥远部落习俗和传统的奇特文物。这种刻意超越日常假设的思维方式，也是激发创造性解决方案和创新的常见策略要素之一。其核心理念是从不熟悉的视角来描述问题，以探索创新的解决方案。例如，类比法（Synectics）就是一种通过类比来获得创造性洞见的创造性问题解决方法。[8]这种方法通过刻意寻找极不寻常的类比来激发思维，将熟悉的事物变得极其陌生。打个比方，假设你正在设计一款可以放入钱包的折叠眼镜。我们姑且不要把这看作是一个关于铰链的问题，而是将其视为如何让蜘蛛钻入门缝的问题。如果这个方法行不通的话，不妨将其比作雪地中行走的驼鹿的膝关节吧……如果还行不通的话……好吧，想必你已经领会到其中的精髓了吧。

身份多元化

描述事物的第三个通用视角策略或许最为人熟知，即从一个与自己身份不同的视角进行描述。儿童在玩角色扮演游戏时用的就是这种策略，艺术家和作家在塑造角色时也是如此，我们每个人在试图理解或共情他人的生活时，采取的也是这种方法。从最宽泛的意义上讲，小说的本质在于扮演多元人物角色，因其需要从形形色色的虚构人物的视角讲述故事。角色在描述所遇见的世界"是什么"时就变成了一种描述策略。身份视角通常是人的视角，但也不尽然，例如弗朗茨·卡夫卡（Franz Kafka）的《变形记》（*Metamorphosis*）。在这部作品中，主人公——年轻的格雷戈尔（Gregor）一觉醒来变成了一只巨大的蟑螂。[9]卡夫卡通过这一特殊视角，不仅描绘了身为巨型昆虫在人类世界里遭遇的令人难以置信的恐惧和不便——这与上文讨论的陌生化策略相呼应，而且还捕捉到了作为极端局外人的疏离感和孤立感。

化身非同寻常的非人类角色这一策略并不仅仅局限于生物。《我，多科：一个篮子的故事》（*I, Doko: The Tale of a Basket*）这本儿童读物以全然不同的风格，通过一只大篮子的视角，描绘了一个尼泊尔农村家庭的生活。[10]这只篮子讲述了这样一个故事：家中的婴儿、包裹，还有体弱多病的老人都曾坐过篮子。从篮子这一独特的视角出发，所描述的家庭生活既令人心酸又出人意料。

尽管有"巨型昆虫"和"尼泊尔篮子"这些先例，但更常见的做法是采用他人的视角。对于此种策略，我们早已有一些耳熟能详的说法："设身处地，换位思考""借他人之眼看世界"。这种策略不仅时常有人提倡，而且在许多学校，也是基本的教育内容之一。在语言艺术课程中，学生们从他人视角进行阅读和写作；在历史课中，他们则是通过历史人物的视角探索过往；而在以艺术见长的学校里，学生们通过戏剧和舞蹈体验并扮演着多元的角色。

　　我们常常会不自觉地从他人的视角看世界，因为过于普遍，所以我们不假思索便接受了这种做法。然而，需要指出的是，尽管这是人类最自然且重要的能力之一，但它也是最令人恐惧的能力。说它自然，是因为它是儿童成长过程中一个正常且必要的阶段：孩子们很小的时候就知道其他人看世界的眼光可能与他们不同，而学会见他人之所见对他们大有裨益。孩子在脸上画了几道黑线，以为那便是猫的胡须，但到了三岁，她已经知道妈妈可不这么认为，妈妈会让自己把胡须洗掉。从人性和社会的角度来看，借他人之眼看世界的能力是人类最重要的成就之一，因为它能让我们见他人之所见，以人渡己，急人之所需、所急。但动辄换位思考也是令人恐惧的，因为它会迅速催生有害的思想和行为。设身处地意味着我们认为自己对他人的处境有所了解，但这种了解总是有所欠缺，往往过于简化，有时甚至极其危险、大错特错。再者，哪怕我们自认为我们所了解的东西有部分是准确的，但那也往往过于片面：我们永远都不可能做到完完全全经历过别人的经历。换位思考的悖论在于，一方面，假设我们能理解他人的经历，尤其是那些与自身截然不同的经历，这种假设、假想往往有诉诸刻板印象的危险，从而无视他人经历的完整性；另一方面，如果缺乏从他人视角想象他人经历的能力，人类将会迷失方向。因此，换位思考的道德价值在很大程度上取决于我们认识到其局限性的能力。

　　到目前为止，我们的讨论聚焦于换位思考的局限性，却忽略了最普遍的视角——我们自身的视角——的局限性。之前提到的三大通用描述策略——寻找细节、多视角观察、身份多元化，均是我们可以刻意选择是否采纳的策略。然而，我们无法选择不成为自己。即使是最普通的描述行为，也不可避免地融入了个人的期望、偏见和背景假设，我们每一个人都会将其带入日常交往之中。

比如，我在向你描述今天早上在超市看到的人时，这种描述从来就不是中立的。不自觉地，我会注意到某些特征而忽略其他特征。例如，我可能没有留意到他们的某些外貌或行为细节，因为这些细节与我相似，或者正好相反，我之所以注意到这些细节，是因为它们与我不同。我们天生的选择性并不意味着我们不能改变或提升自己天生的观察方式。我们可以，也应该学习和认识到自己的偏见以及我们知识的局限性，但我们无法摆脱主观视角的束缚。人类眼睛和心灵的不可避免的选择性，不仅关系到描述过程，而且与"慢观察"的整体主题息息相关。在第八章中，我们将继续探讨这一主题，重点讨论"慢观察"如何帮助我们理解包括我们自身观察行为在内的世界的各种复杂性。

言语之外

前文大多例子说明，我们讨论的描述主要是书面语或口语行为，即通过文字展开。然而，文字只是身体语言的一种。正如我们可以通过多种感官观察世界，我们也可以通过多种模态来描述世界——通过声音、手势，尤其是通过留下印记的方式。艺术学者约翰·伯格（John Berger）说："绘画是一种探究形式。"[11] 言下之意，通过绘画（即以线条而非语言为媒介）来描述所见，既是探索也是描述的行为。绘画是手眼并用、同时观察的过程。而且，绘画作为一种身体行为，有时手会起到引领作用。艺术家阿尔贝托·贾科梅蒂（Alberto Giacometti）说："我画画时，铅笔在画纸上的轨迹，某种程度上像是一个人在黑暗中的摸索。"

我的姐姐是位艺术家。她主要从事色彩画创作，然而在进行创作之前经常会勾勒素描草图。她指出，素描能够帮助她观察到注意力焦点以外的事物及其周围事物的形状，例如椅子横杆间的空隙或钳子手柄间的椭圆空间。而能够体现素描这一特性的一个经典绘画练习便是轮廓画，即通过连续线条捕捉物体或场景的所有可见轮廓以形成视觉描述。该练习的进阶版本是盲轮廓画，要求在不看画纸的情况下描绘物体或场景的轮廓。这种方式使得观察者的目光完全集

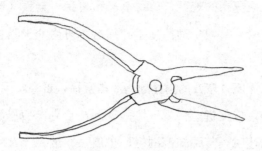

图 4.1

安德烈娅·蒂什曼（Andrea Tishman）绘

中在观察对象上，从而将所有注意力放在视觉探索上，而非仅仅追求美感呈现。尝试一下，无论是哪种轮廓画，都是体验绘画与"慢观察"之间联系的绝佳方式。

　　科学家们也将绘画视为一种"慢观察"的方式。科学插画家珍妮·凯勒（Jenny Keller）在一篇名为《何以素描》（Why Sketch）的文章中提到：

　　绘画让你对所绘对象观察得更为细致。作为一种观察工具，绘画要求你关注每一个细节，甚至是那些看似微不足道的部分。在创作图像时（不管技法多么高超），纸上的线条和色调不断地为你提供反馈，让你明白哪些部分观察得细致，哪些部分观察得不够细致。例如，如果你在绘制过程中忽略了哺乳动物的脚趾，那么只要匆匆一瞥，纸上没有脚趾的动物图像就会提醒你注意到这个被忽视的特征。仅是绘画行为本身就迫使你审视对象的每一个部分。[12]

　　凯勒的文章收录在迈克尔·坎菲尔德（Michael Canfield）主编的《科学与自然田野笔记》（Field Notes on Science & Nature）一书中，这本书汇集了众多科学家的精彩文章。虽然不是所有科学家都会在田野笔记中加入素描，但许多

科学家确实会这么做。通过他们的绘画作品，我们可以看出科学观察中素描的多样风格和用途。例如，珍妮·凯勒绘制的珊瑚和水母的水彩画精美绝伦，展示了她对细节持久而深入的观察。动物学家乔纳森·金顿（Jonathan Kingdon）快速而富有表现力的素描则生动捕捉了狞猫这一野生非洲猫科动物头部运动的活力瞬间。

从对密西西比河旭日东升的描述到非洲猫素描，贯穿本章的主线在于：描述过程如何提供结构，以促进"慢观察"的展开？哈克·费恩凝视着河流，当他优哉游哉地展开描述时，其感知范围得以扩展；乔纳森·金顿在田野笔记中写写画画时，发现了狞猫头部动作的新特性；我姐姐在绘制日常工具时也发现了其中隐藏的各种形状。从教育的角度来看，描述与"慢观察"之间的关系提供了丰富的教学机会。写作练习可以通过要求学生从不同视角描述所见来促进"慢观察"，绘画活动则鼓励学生放慢节奏，真正通过双手进行观察。尽管本章主要聚焦于文字和图像，但身体的其他语言也同样蕴含着丰富的潜力。我记得，有一次看到一位幼儿园老师在给学生展示一幅生动的抽象画作。首先，她让孩子们在画中选择一个线条或形状，并用他们的身体来模仿这个形状。随后，她指导孩子们按照他们认为画中形状可能移动的方式来移动身体。教室立刻变成了一片欢乐的海洋，孩子们在其中快乐地扭动、恣意地穿行。后来，老师再次引导学生们关注画作，并让他们分享各自在画中看到了什么。孩子们对画作的生动观察令我印象深刻。

本章讨论的所有描述性活动的核心都基于以下假设：无论是真实人物还是虚构角色，描述者都是在为自己观察"描述对象"。幼儿园孩子们会直接观察绘画作品，而不仅仅是听老师描述；科学家撰写田野笔记是因为真正身在田野，而不只是靠阅读其他观察者的记述；"尼泊尔篮子"提供了直接观察一个家庭三代人日常生活的独特视角。虽然直接观察的核心地位似乎显而易见，不值一提，但实际上，教育往往更多依赖于学习他人（通常是专家）的描述而非亲身观察。想象一下，一个孩子正在全神贯注地观察海星。她当然可以翻开一本书，看看图片或阅读由专家级观察者所做的描述，但是你得把她从海星身边生生拽走，她才会这么做。从学习的视角出发，亲身观察拥有无与伦比的力量。这引发了一个非常有趣的问题：为何直接观察会成为一种如此引人入胜的学习行为呢？下一章将从探索这个问题入手。

注释

1 如需查阅马克·吐温（Mark Twain）著作《哈克贝利·费恩历险记》的在线版本，请访问以下链接 http://www.gutenberg.org/files/76/76-h/76-h.htm#contents，此处节选自第十九章开篇部分。

2 Wolf, W. (2007). Description as a transmedial mode of representation: General feature and possibilities of realization in painting, fiction, and music. In W. Wolf & W. Bernhart (Eds.), *Description in Literature and Other Media* (1-87). Amsterdam: Rodopi.

3 Lopez, B. (2001). *Arctic Dreams*. New York: First Vintage Books, pp. 170-171.

4 Rybczynski, W. (2016). Now I Sit Me Down: From Klismos to Plastic Chair: A Natural History. New York: Farrar, Straus and Giroux, p. 3.

5 Waters, S. (2002). *Fingersmith*. New York: Riverhead Books, p. 496.

6 Wilson, E. O & Liittschwager, D. (2010, Feb.). *National Geographic*. 检索自 http://ngm.nationalgeographic.com/2010/02/cubic-foot/wilson-

text，已获得爱德华·O. 威尔逊的转载授权。

7 Office of Charles and Ray Eames. （1977）. *Powers of ten*. 检索自 https://www.youtube.com/watch?v=0fKBhvDjuy0。

8 Gordon，W. J. J. （1961）. *Synectics: The Development of Creative Capacity*. New York：Harper & Row.

9 Kafka，F. (1988). The Metamorphosis，In The Penal Colony，and Other Stories. New York：Schocken Books.

10 Young，E. （2004）. I，*Doko: The Tale of a Basket*. New York：Philomel Books.

11 Berger，J. （2011）. *Bento's Sketchbook*. New York：Pantheon Books，p. 150.

12 Canfield，M. R. （Ed.）. （2011）. *Field Notes on Science & Nature*. Cambridge：Harvard University Press，pp. 161－162.

慢观察：观察学习的艺术与实践

第五章

亲身观察⋯⋯参观博物馆

想象一下，在一个阳光灿烂的日子里，你和朋友沿着海滩漫步。一阵海浪拍打上岸，随后缓慢退去，留下了一个在阳光下闪闪发光的贝壳。你的朋友弯腰将其拾起。"真是太有趣了！"她边观察边说道，"我从未见过这样的贝壳。"你被眼前的景象深深吸引，凑上前去仔细观察，尽管有一瞬间，你很想从她手中抢过贝壳来仔细看看。"给"，片刻后，她把贝壳递给你并说道，"你也看看。"

这种渴望亲身观察的冲动如此常见，以至于我们几乎未曾留意。不论是自然界的景致、艺术品，还是街头的热闹场面，一旦有什么激起了我们的好奇心，我们就会有一种一睹为快的冲动，但这不一定行得通。它可能需要大量的资金、时间或有赖于专业技能和培训。例如，为了观察自然栖息地中的动物，野生动物学家不惜跨越整个地球，而我们大多数人只能去动物园看看。然而，在日常生活中，类似于捡贝壳这样的情况还有很多，人们只需稍加努力便可实现亲身观察——人们需要做的，仅仅是亲自去看一看。实现这一愿望的路径看似简单明了，但是有时却事与愿违，无法如愿。

例如，假设你的朋友没有向你展示贝壳，而是用双手掩着，并开始向你大谈特谈其特征。即使你能根据她的描述在心中完美地重现那个贝壳，但或许仍然会感觉差点意思。或者，假设你的朋友并未向你展示贝壳，而是随手将它扔回海浪中。或许，这也没有什么大不了的，但当她把贝壳抛掷到你无法触及的地方时，至少会有那么一个瞬间，你会有一种好奇心没有得到满足的失落感。再假设，你的朋友热衷于收集贝壳，她用手机搜索了一下，并迅速查明了那个贝壳的属和种类。你可能对她的发现充满好奇，但这并不能替代亲身观察的体验：你仍旧希望可以亲身观察那个贝壳。

当然，这些情况实际上不太可能发生。和大多数人一样，你的朋友本能地理解这种对亲身观察的渴望，并友好地将贝壳递给你。你仔细地观察了一会儿，在手中不断翻转贝壳，并发现了几个引人注目的特征——外壳上的彩色纹理和光滑的珐琅质内层。你的好奇心得到了满足，便将贝壳递还给了你的朋友。她把贝壳塞进了兜里，随后你们继续沿着海滩散步。

亲身观察事物的冲动是不可遏制且无处不在的。试想一下，你每天会有多少次停下脚步，去观察那些吸引你目光的事物。这种行为的动因，远不止满足一时的好奇心那么简单。当我们亲身观察事物时，我们能够获取大量的综合信息。以刚才的贝壳为例，假如你只用 5 秒钟时间去观察它，并在手中把玩，你极可能会注意到它的形状、颜色以及内外纹理。你甚至可能会发现与其年龄相关的线索，比如多层同心圆的脊纹，或是其过去寄居生物的痕迹，如残留的纤维肌肉。更为重要的是，你会将这个贝壳与自己联系起来，判断自己是否见过类似的贝壳，它是否引起你的兴趣，以及它是否与你所知的其他事物相关联。而获取以上信息的时间远远少于阅读这些文字所需的时长。

亲身观察的多样化结果

亲身观察是基于多种动机的知识探索活动。其中一类是出于本能的观察行为，这些行为是对外界刺激的自动反应。例如，当我们听到背后传来的响声时，我们会本能地转身观察。在此类行为中，大多数有感知的生物都具有自主观察的冲动，其主要功能在于提供与生存相关的信息。它能提示生物周边是否有掠食者，危险是否迫在眉睫，是战还是逃，附近是否有食物，以及是否存在繁殖机会。不论是嗅闻、触摸，还是通过其他感官迅速搜集信息的观察行为都是由本能驱动的，而非有意识的决定。

而另一类观察行为则是由好奇心或兴趣驱动的，其背后的原因更加多样化。举例来说，我们通过亲身观察来确认或否定某事的真实性，如透过窗户观察以确定外面是否在下雨；我们通过亲身观察以获得对某物或某情境的全面理解或快速评估，如扫视一家餐厅，判断它是否符合我们的就餐需求。我们还会通过亲身观察，试图以不同的方式想象事物，如研究房间内家具的布局并设想该如何重新摆放；我们通过亲身观察以体验看到令人不安的事物所带来的复杂情感冲击，或欣赏奇特事物带来的刺激，如伸长脖子探察车祸现场或对柔术表演者的表演感到惊叹；我们通过亲身观察以体验窥视禁忌之物所带来的罪恶快感，如窥视紧闭的门后景象。最后，我们有时仅仅出于好奇进行亲身观察，如游览新城市、扫视商店橱窗，或观察朋友偶然捡起的贝壳。

激发直接观察行为的因素多种多样，但它们的共通之处在于，亲身观察的行为本质上是一种认知过程。这种行为旨在学习或感知新事物。此外，亲身观察往往是集中认知的一种形式，因为即使是匆匆一瞥，如观察那个贝壳，也能让我们同时了解到多种不同的信息。

值得注意的是，当我们的观察目的不再局限于生存需求时，观察行为本身往往会转变为一种愉悦的体验。这种愉悦的形式多种多样，复杂且深刻，从满足好奇心所带来的、挠痒痒似的简单快感，到投入一个小时欣赏艺术作品所获得的深层满足感。当然，我们也会不自觉地关注一些令人不悦甚至痛苦的事物。

但不管是出于兴趣、好奇心、寻开心，还是纯粹为了生存，我们主动观察事物的欲望始终强烈而深刻。正是这种深刻的渴望，催生了专门致力于此的文化机构并塑造了其悠久而稳固的历史。

最早的博物馆？

1925 年，考古学家伦纳德·伍利（Leonard Woolley）及其团队在古苏美尔城市乌尔的一座宫殿中进行挖掘时，有了一个不寻常的发现。在宫殿内部的一个巨大房间里挖掘时，他们发现了一组初看毫无意义的器物：来自不同时期的雕像残片和石块似乎被精心地排列着、摆放着。这些文物比宫殿遗址本身更为古老，有的甚至比其早约 1 500 年。此外，许多碎片的边缘也被精心打磨过，似乎专门是为展示准备的。随着挖掘的深入，伍利最终发现了几个刻有文字的小型陶制圆筒，上面用三种语言描述了部分文物。他很快意识到，这些圆筒实际上是博物馆专业人士所说的古代版解说文本或展品标签。

伍利发现的这一宫殿被称为世界上最早的博物馆。如今我们了解到，这座"原型"博物馆的创立者是巴比伦末代国王纳波尼德（Ennigaldi）的女儿——恩尼加尔迪（Nabonidus）公主。纳波尼德以酷爱历史研究而闻名。由于他的王位并非继承而来，而是通过战争获得的，所以他特别关注那些能够证明其王位合法性的历史记载。恩尼加尔迪公主主管王国宗教和教育事务。在她宫殿房间内发现的这组文物，其中许多都是纳波尼德亲自挖掘出来的，如此摆设的原因似乎在于邀请参观者仔细观察、直接观察。关于公主展示这些文物的真实意图，我们无从得知。她可能是希望激发参观者对历史传承的认识；也可能是为了显示家族的渊博学识，认可其家族王位的历史合法性；或许她觉得这些物品美不胜收、奇妙无穷，希望他人也能享受观赏的乐趣；也可能是出于上述所有原因的综合考量。但可以肯定的是，恩尼加尔迪的宫殿及其内部精心布置的文物展陈，与我们今天所熟悉的博物馆极为相似。

博物馆之理念

作为文化机构，博物馆致力于提供亲身观察事物带来的乐趣和力量。这并不是说直接观察是其唯一的目的；博物馆还承担着收集、收藏、保存、修复、展示、归档物品以及记载经验的职责，同时也是市民文化和社交活动的聚集地。然而，如果我们不认可亲身观察或直接体验的重要性，我们所拥有的将不会是真正意义上的博物馆，而仅仅是仓库或存放私人收藏的空间。

尽管难以准确统计全世界现有的博物馆数量，但最近的估算数据显示，全球 202 个国家共有约 5.5 万家博物馆。[1]这个数字极为庞大。任何熟悉博物馆的人都知道，这一数字涵盖了各种类型的博物馆，包括艺术博物馆、科学博物馆、历史建筑、植物园、动物园，乃至铲子、钟表、管道等专题博物馆。

博物馆种类繁多、不一而足，充分说明了博物馆这一理念对公众想象力的强大吸引力，及其于多元领域中扮演的核心角色。

在《博物馆变迁》(*Museums in Motion*) 一书中，玛丽·亚历山大 (Mary Alexander) 引用了博物馆教育家理查德·格罗夫 (Richard Grove) 的一段话作为开篇：

医院就是医院，图书馆就是图书馆，玫瑰就是玫瑰，而博物馆的种类却包罗万象，有威廉斯堡殖民地博物馆，有威尔克森夫人人物瓶子博物馆，有现代艺术博物馆，有"海狮洞"，有美国自然历史博物馆，有巴顿威士忌历史博物馆，有修道院（博物馆），有诺尔方舟农庄，有黑猩猩农场和"会说话的黑猩猩露西"的表演。[2]①

格罗夫的这段话写于 1969 年。近 50 年来，体验式博物馆的数量经历了爆炸式的增长。从儿童博物馆到科学博物馆、新闻博物馆，再到各种线上博物馆，包括实体展品的数字展览和纯线上博物馆，例如亚洲流行唱片封面展览和井盖博物馆。事实上，甚至还有一个名为"线上博物馆之博物馆"（MoOM）的机构，专门收集并展示了丰富的线上博物馆资源。需要指出的是，前文提及的 5.5 万家博物馆并不包括线上博物馆，后者数量难以统计且一直在增加。博物馆不仅展品丰富多样，其功能也各具特色，既可以传递文化价值，激发好奇心，提供适合家庭的休闲活动，也可以成为社会变革和文化交流的中心。

实际上，尽管藏品仍然是大多数博物馆的核心，但在过去几十年里，博物馆已经从单纯的"收集和保存"转变为重视观众。博物馆学者斯蒂芬·韦尔（Stephen Weil）在 21 世纪初曾提出，博物馆正在从"专注于展品本身向致力于服务观众转变"。[3]在美国，这种转变源于约 1880 年至 1920 年间的"进步时代"，一个旨在抵制城市工业文明的负面影响、遏制政治腐败并改善个人生活的社会及政治改革时期。乔治·海因（George Hein）在其著作《进步的博物馆实践》（*Progressive Museum Practice*）中审视了这段历史，并提出现代博物馆的进步理念正是源自"进步时代"的精神，即为公众利益而存在。海因认为，博物馆作为一种具有社会进步意义的机构，应向参观者提供丰富的教育和社交体验，从而改善他们的生活并提升其作为民主公民的能力。这一愿景现如今已部分实现，因为博物馆正不断提供越来越多样化的活动，如课程、讲座、电影、戏剧、

---

① 玛丽·亚历山大著，陈双双译，《博物馆变迁》，南京：译林出版社，2014 年，第 1 页，略有改动。——译者注

社区聚会、社交活动和家庭聚会等。然而，一个机构要称之为博物馆，就必须在其设施中提供与展品直接互动的机会——这种体验不应局限于教育目的，还应鼓励参观者追随个人好奇心去自由探索，自行理解，自行构建意义。

博物馆与集中认知

鉴于博物馆种类如此繁多，内部活动如此丰富，博物馆这一理念又是如何得以完好维系的呢？这一问题的部分答案可在本章前面部分关于亲身观察的诸多动机及其结果中找到。我们出于各种原因而进行观察：为了确认某件事情的真实性；为了"一睹为快"；为了洞悉细节和微妙之处；为了体验审美的愉悦；为了获取信息；为了感受恐惧、兴奋、震撼或愉悦。博物馆深谙此道：既可以同时满足多重目的，又不拘泥于细节。我们能够接纳甚至是欣然接受博物馆及其使命的复杂多样性，这就表明我们通过亲身观察事物获得了无数深刻的满足感。或许我们无法完全理解为何亲身观察如此引人入胜，但我们深知其确有不可抗拒的魅力。这又引发了一个更有趣的问题：从认知学角度来看，究竟发生了什么呢？就如同先前提及的观察朋友的贝壳例子所示，我们在博物馆中观察展品时，整合了海量的信息，即便我们可能无法完全清楚地说明我们究竟获得了哪些知识。其实，将这种体验称为"知识"可能会产生误导，因为博物馆理念的一个显著特征是，它并不直接将参观体验的价值和参观者获取的知识量等同起来。换句话说，尽管我们通常希望在博物馆中学到一些东西，但我们并不仅仅通过获取的信息量来评判我们的体验质量。实际上，博物馆体验所带来的整体认知成果，更多是激发了探索和发现的好奇心，而不仅是对知识有了全面彻底的理解。大大小小的各种博物馆早已认识到这一点。例如，一位不知名的图书馆员于1849年撰文谈到了加尔各答亚洲学会博物馆，他精准地捕捉到了其精髓：

编者（即作者）迫切希望读者能清楚地理解本馆的范围和目的，不要对它抱有超出其本质的期待——本馆仅作为一份珍奇藏品的简明目录，包含藏品的名称、日期，并附上恰如其分的说明，这些说明足以激发而非满足好奇心。[4]

珍奇屋

上文中提及的亚洲学会博物馆，正如编者所述，被视为"珍奇藏品的简明目录"，这种展示方式源于"珍奇屋"（wunderkammer）的概念，即一种起源于 16 世纪末欧洲文艺复兴时期的收藏与展示模式。自那时起，珍奇屋就持续地塑造并影响着现代博物馆之理念。

"珍奇屋"，也称为珍品柜或奇观柜，甚至被叫作"奇幻屋"。这些由商人和贵族精心创建的展览空间，陈列着从各类标本到来自异国的珍品等一系列百科全书式的收藏。这些藏品被精心分类和展示，以便直接观察。珍奇屋的设计巧妙地利用了亲身观察的魅力，同时达成了多项目的：一方面，展示收藏者的学识，显现其财富与权势；另一方面，它旨在让观众接受其独特的分类方法，激发科学讨论，同时起到赏心悦目的效果。

其中一个最早且知名的珍奇屋，由那不勒斯的一位富裕药剂师费兰特·因佩拉托（Ferrante Imperato）所创。在 1599 年的一幅版画中（见图 5.1），你可以看到因佩拉托的儿子正在向两位访客介绍房间中的种种奇观，而因佩拉托自己则在一旁静静观察。如果你对此感兴趣，可以花一些时间仔细观赏这幅插图，让你的视线在其中自由游走，细细品味。你注意到了哪些有趣的细节？

图中的内容令人应接不暇！一位作家如此描述道：

图 5.1 《珍奇屋》，版画，摘自费兰特·因佩拉托《自然历史》
（那不勒斯，1599 年），公共版权

穹顶上密布着各类制作精良的鱼类标本、填充的哺乳动物和珍异的贝壳，
而中央则悬挂着一只制成标本的鳄鱼。书架上陈列着形形色色的珊瑚样品。房
间左侧的装饰如同书房，排着一溜内嵌式柜子，柜门一旦开启，便展现出内部
设计精妙、井井有条的隔层，其中陈列着各种小型矿物标本。在这些柜子上方，
摆放着鸟类标本，它们矗立于装饰有方形抛光石材样本的镶板之上。这些石材
很可能是大理石和碧玉，内设专门用于存放标本的小隔层。柜子的下方则放置
了装有标本的盒子和带盖的罐子。[5]

珍奇屋之所以迷人，不仅在于其广泛而精致的藏品陈列，更在于其中包含
了难以归类的罕见生物或奇特标本，如巨型卷心菜或图案独特的贝壳，还有被
视为"自然奇观"的物品，如曾被误认为独角兽角的独角鲸牙，或巨人的骸骨。
这些藏品极其珍贵，以致收藏家们不惜一切代价去收集，并常常借助复杂的背
景故事和虚构的传说来加以解释。例如，有人将珊瑚解释为石化的蛇发女妖戈

尔贡（Gorgons）的遗骸；或通过巧妙拼接不同动物的不同部位，制造出半人马、九头蛇和蜥蜴怪等神话生物的标本。

从当代的视角看来，我们很容易将其中的某些标本视为拙劣的赝品。但如此一来可能忽视了这些人造"奇观"所揭示的复杂性，以及它们在满足人们亲身观察的冲动时所展现的微妙之处。文艺复兴时期的学者保拉·芬德伦（Paula Findlen）指出，珍奇屋里常见的那些异域风情的标本，可以被视为"lusus"，即拉丁语中的"恶作剧""戏法"或"欺骗"。在 16 至 17 世纪的自然历史中，"lusus"有两层意思。"lusus naturae"意指"自然的玩笑"，即自然在创造事物外观时的俏皮之举，例如让石头看起来像人骨，仿佛是自然造物的恶作剧；而创造巧夺天工的贝壳和绚丽多彩的花朵，则是自然的自娱自乐。例如，17 世纪收藏家洛多维科·莫斯卡多（Lodovico Moscardo）曾这样描述其博物馆中的一块罕见的石头：这块石头表面上看似人工绘制而成，"在这块石头里……可以看到自然与艺术间的嬉戏，其中展现了许多线条，这些线条勾勒出了树木、房屋和乡村的形状，仿佛是出自著名画家之手。"[6a]芬德伦（Findlen）解释道："文艺复兴时期的自然学者和收藏家认为，'lusus'是自然界的一种消遣；通过其独特且惊人的方式展现自己的多样性，她（自然界）从日常琐碎的任务中解放出来，把创造过程转化为一场美学体验。在这个过程中，自然界的'lusus'展现在其挑战艺术本身的巧妙构造上。"[6b]

第二种"lusus"被称为"lusus scientiae"，即"知识的戏法"——由科学家或收藏家精心制造的人工仿制品，旨在令人产生幻觉。例如，他们可能将羊的标本缝接到玉米秆上，制造一种名为"斯基泰羊"的奇异生物。对于观众而言，揣摩这种人工仿制品是如何制作以及是否真实存在，往往是观赏体验的一部分。1664 年，一位英国士兵在意大利旅行时，曾在一位公爵的宫殿中看到了这样一件标本，并对此进行了描述：

这是一条七头蛇，中间的头最大，长着两颗犬齿和六颗小牙，两只脚上各有四个爪，背上长着五排隆起的肉瘤……这只七头蛇极有可能是人工制作的。它的头部形态酷似雪貂之类的动物，身体和脚部看起来像是取自兔子或野兔，而尾部则由普通的蛇皮制成，其背部和颈部也包裹着同样的材料。[7]

如芬德伦所述，这种奇特的标本"旨在邀请观众参与这一玩笑，通过领会从自然过渡到人工的巧妙之处，或者被其迷惑，从而在某种意义上变成玩笑本身"。[8]此外，在制作"自然的戏法"时——例如将鸡喙缝接到蜥蜴身上，以展现一个挑战科学分类的生物——自然学家和收藏家可能带着戏谑的态度，认为自己在模仿自然界创造挑战传统分类的"lusus naturae"。

图 5.2 古代七头蛇
公共版权

从学术到猎奇：菲尼亚斯·泰勒·巴纳姆(Phineas Taylor Barnum)

"博物馆"一词听起来颇具高雅气息——似乎是文化的象征、智识的体现。

然而，正如珍奇屋所示，学术鉴赏与对奇特事物的迷恋之间，实际只有一线之隔。在博物馆之外，诸多文化娱乐形式也在利用人们对亲身观察的渴望，故意混淆了奇观与学术研究之间的边界。在这方面，没有人比美国收藏家兼推广者菲尼亚斯·泰勒·巴纳姆更精于此道。

出生于 1811 年的巴纳姆，因其晚年创办的"巴纳姆与贝利"马戏团而闻名。然而，巴纳姆的职业生涯可谓漫长而多彩。在他 61 岁创建马戏团之前，他就已经在纽约百老汇创办了一家"美国博物馆"。在他的经营之下，该博物馆可谓风生水起。1865 年，一场灾难性的大火吞噬了这座博物馆。巴纳姆的天才之处在于，他知晓如何巧妙地寓教于乐，将高雅艺术与大众娱乐完美融合。他收购了尘封已久的珍奇屋藏品，将它们与畸形秀表演结合在一起，然后在豪华奢侈的环境中呈献给公众，既提供了高级、高知的体验，又满足了人们对奇观的渴望。

参观巴纳姆博物馆（门票价格仅为 25 美分），游客们可以看到以下精彩展品：丰富多样的贝壳和岩石藏品；来自世界各地的一系列制作精良的动物标本；乔治·凯特林（George Caitlin）绘制的美洲原住民画作及相关文物；侏儒大拇指汤姆（Tom Thumb）将军拜见维多利亚女王时所穿的华丽迷你服装，有时甚至能亲眼见到大拇指汤姆将军本人；更有活蟒捕食活兔的惊险场面以及一座包含多种鱼类和两头鲸鱼的巨大水族馆。此外，游客还可以请博物馆驻场的颅相学专家利文斯顿（Livingston）教授分析头形，推断性格特征；近距离观看著名的连体双胞胎长恩（Chang）和英（Eng）；亲眼看看声名显赫的斐济人鱼——号称是真实雌性生物的木乃伊，实际上却是一件伪造品：用干枯的猴头与猩猩身体缝合而成，并在末端接上了鱼尾。

巴纳姆博物馆或许刻意模糊了学术与奇观之间的界限，但其将众多令人叹为观止的珍奇物品汇集一堂的理念，成为众多西方著名百科式博物馆的基石。

大英博物馆、史密森尼博物馆、卢浮宫、大都会博物馆以及其他类似的知名机构，都可视为珍奇屋在现代的延伸和发展。它们汇集并展示了那些在历史、文化、美学或科学上具有重大价值的稀世珍品，通过系统化的组织与展览，让观众得以一睹其风采。

当然，并不是所有的博物馆都能达到珍奇屋式的效果。实际上，在过去 40 年左右的时间里，主题博物馆的数量大幅增加，它们在某种意义上与珍奇屋形成了对比。例如加拿大温尼伯的加拿大人权博物馆、巴西圣保罗的葡萄牙语博物馆以及位于美国华盛顿州西雅图的 EMP 音乐体验博物馆等，这些博物馆及类似的机构往往更注重于提供沉浸式的体验，而非仅仅展示实物。因其以主题为核心，所以它们的展示内容通常不像珍奇屋那样刻意追求广泛性。尽管如此，主题博物馆依然精心策划了一系列展示项目，邀请游客来亲身体验。

图 5.3　巴纳姆的斐济人鱼，摘自《P. T. 巴纳姆传》，P. T. 巴纳姆著，1855 年，公共版权

博物馆能否真正促进亲身观察？

尽管我们认同博物馆的初衷是满足人们亲身观察和体验的需求，但在博物馆中稍作停留，你可能会发现很多实际做法与这一理念不尽相符。墙上的解说文本似乎在引导你应该思考什么、观察什么；而音频导览和讲解员通常只聚焦

于部分特定展品；展品的设计似乎更倾向于陈述观点，而非激发观众的自由遐想；博物馆画廊的内部布局——通常少有或根本无座椅——似乎是鼓励人们持续行走而非驻足沉思。确实，这些做法在我们熟悉的传统博物馆中相当常见。博物馆通常位于大都市，宏伟如庙宇，能容纳大批观众，其藏品跨越多个时代、地区和风格。然而，即便有时存在这些障碍，博物馆仍能吸引大量参观者，这反映出尽管实现方式并不完美，但博物馆理念本身具有强大的吸引力。那种亲身观察的机会，特别是在面对我们认为稀有、珍贵或重要的展品时，其展示出的迷人的可能性是如此强烈，以至于即便博物馆在实现这一理念上有所不足，仍然能吸引众多参观者。实际上，在这个社交媒体盛行的时代，亲眼看、亲身体验已成为一种流行趋势，就像在著名博物馆展品前"打卡自拍"这一现象所展现的那样。

虽然博物馆的理念本身极具魅力，但我们不妨思考这样一个观点：即便博物馆能够满足人们亲身观察事物的愿望，但它们未必能够帮助人们培养"慢观察"的能力。相关研究也支持了这一观点：研究显示，参观者在每幅艺术作品前的平均停留时间大约为 15 至 30 秒，而其中相当一部分时间通常是用于阅读墙上的说明标签。[9]

我们这种快速观察的习惯，并不能完全归咎于博物馆。正如本章开头提到的贝壳故事所示，人类本能地倾向于用最少的认知努力提取最大的意义。一瞥之间，我们就能获取大量信息。但本书的观点是，有意识地延长初次观察的时间，并持续保持，即使时间不长，也能带来巨大收益。因此，那些鼓励游客从匆匆一瞥转向深入观察的博物馆实践值得我们去研究。

要寻找这类实践，可以查看博物馆教育部门开设的课程和举办的活动。颇具讽刺意味的是，人们通常错误地认为，相较于成人，青少年在进行深入观察时需要更多辅助，因此这些旨在促进深度观察的实践最有可能出现在博物馆推出的青少年项目中。

博物馆中的视觉探究项目

在华盛顿特区国家美术馆东翼，一群来自本地公立学校的五年级学生正围坐在肖氏纪念碑前。这座雄伟的青铜浮雕旨在纪念罗伯特·古尔德·肖（Robert Gould Shaw）上校及其所指挥的马萨诸塞第 54 志愿兵团——美国内战中首个由非裔美国人组成的正规军团。一位美术馆讲解员站在雕塑旁，引导学生们对这件艺术作品进行观察："请将视线扫过雕塑的每一个部分，"接着问道，"有哪些元素最先吸引了你们的注意力？哪些细节需要更细致的观察才能注意到？"学生们沉默片刻，随后纷纷指出作品中一些显而易见的特征，如马匹和骑马的士兵。讲解员继续引导他们深入观察，并问道："你们还发现了什么？"

一名学生举手说："我看到了对角线。"讲解员询问她在何处见到。学生回答："在人物的腿部，以及马的腿上。"话音刚落，更多的手迅速举起，学生们兴奋地跃跃欲试，等待着被提问。一名学生指出了枪上的对角线，并用手势上下比画着，表明其方向。另一个学生指出了敲击鼓面的鼓棒上的对角线。很快，他们开始指出作品中更多的细节——"作品上方的那位女士"和她头顶上的星星，人物背上卷着的"睡袋或其他类似物品"。讲解员不断鼓励学生们进一步细致观察，但此时他们已经自发地投入其中。探索新的发现让他们兴奋不已，每发现一个新细节都驱使他们去发现下一个细节。最终，当学生们的观察热情逐渐减退时，讲解员话锋一改，转向对作品的深层解读。"你们认为这座雕塑表达了什么？"她问道。在学生们构思答案时，讲解员鼓励他们将所观察到的细节融入自己的解析之中。这个真实的案例来自国家美术馆的"角落里的艺术"（Art Around the Corner），该项目主要与华盛顿特区的小学合作，特别关注低收入家庭子女就读的学校。[10] 该项目采纳了近几十年来博物馆教育中日益流行的视觉探究式学习方法。这种方法的核心理念是创设一种体验，鼓励参观者主动观察艺术作品和博物馆的其他展品，再由这些观察出发，激发他们的好奇心，引导他们自行提出问题和解释。该方法因其不同于传统的、灌输式的博物馆学习方式而日益受到欢迎。在传统模式中，无论是大人还是小孩通常都由知识渊博的讲解员领着在博物馆里参观，讲解员喋喋不休地传授知识，并引导他们关注特定的展品。而在探究式体验中，讲解员首先会询问观众注意到了什么内容以及他们有何疑问。

博物馆举办的视觉探究式学习项目，实际上是一种在学校中广泛应用并颇受欢迎的教育方法的特殊应用形式。探究式学习又名"问题驱动学习""兴趣驱动学习"，有时也被称为"以学生为中心的学习"。它最初源于科学教育领域，旨在通过激励学习者提出他们真正关心的问题，使学习过程更富有意义并激发学习者的内在兴趣，并将这些问题作为进一步探究的基础。探究式学习根植于建构主义教育理念。根据该理念，人们通过基于兴趣的体验和持续反思的循环过程，自行构建对世界的理解，从而实现最佳学习效果。

或许有些人会简单地认为，基于探究的学习仅仅是让学生而非教师选择他们感兴趣的探索主题。虽然这种理解不无道理，但它忽视了一个重要方面，即学生的个人倾向。教育网站 Edutopia 上有一位教师指出："基于探究的学习不仅仅是询问学生他们想了解什么，更重要的是激发他们的好奇心。"[11] 这一观点强调了基于探究的学习与亲身观察之间的密切联系——亲身观察不仅是好奇心的表现，也是激发好奇心的催化剂。因为这种冲动感告诉我们对某事感兴趣；同时，亲身观察是一种直接的参与形式，它通过视觉把我们与世界上的事物连接起来，激发我们深入了解的兴趣。在学生与肖氏纪念碑的故事中，这一点表现得淋漓尽致。一位学生首先注意到枪上的对角线，其他学生随后进行了亲身观察，这激发了他们探索作品中更多对角线的好奇心，并最终引导他们注意到其他细节。

"探究"一词意味着深入地观察某事，这正是持久观察的精髓所在。有时，这个词用来描述有明确目的的过程，如科学研究探求某现象的原因，或警方调查犯罪的真相。然而，探究也可以是开放式的——它是一种在持续的观察中自行形成探索路径的过程，正如学生们在肖氏纪念碑前所经历的那样。这种在一连串不断展开的观察中逐步深入的过程，揭示了亲身观察与基于探究的学习之间另一重要联系：当亲身观察转化为深层观察时，它本身便成为一种探究，通过聚焦细节、寻找新发现、进行细致分析的探究过程，我们踏上探索发现之旅。

在设计教育项目时，许多博物馆运用了基于探究的方法。这些方法有的以非正式的形式开展，而有的则采取结构化的教学计划。其中一个广泛应用于美国及世界各地数百家艺术博物馆的教学方案，就是所谓的"视觉思维策略"（Visual Thinking Strategies），更常见的是其缩写 VTS。[12]

在视觉思维策略（VTS）中，引导者利用三个具体但开放式的问题来引导人们围绕艺术作品展开集体讨论："这幅画表达了什么？哪个细节让你产生了这种看法？我们还能从中发现什么？"亲身观察与视觉思维策略紧密交织。在引导者提出第一个问题之前，学生们便被鼓励细致观察艺术作品，并描述他们所见；在整个过程中，他们被引导进行持续的细致观察，详细描述观察内容，并用作品中的细节佐证自己的观点。这种策略简单、有效且极具影响力：学生们积极参与这种结构化的讨论；他们被真诚地鼓励去探索和发现，以一种真正基于探究的精神，追求对艺术作品意义的理解，并提出观点与问题。

VTS 之所以效果显著，其中一个关键原因是学生们能轻松地理解那三个核心问题。这些问题用的是他们熟悉的语言，学生们很容易把握问题的意图，也主要因为这些问题遵循了一个学龄儿童都熟悉的思维模式：基于证据的推理。"这幅画表达了什么？"这个问题想让学生进行阐释。"哪个细节让你产生了这种看法？"则要求学生提供直接的视觉证据来支撑自己的阐释。尽管学生们可能对"证据"和"阐释"等专业术语不太熟悉，但即便是年幼的孩子也能理解回答这些问题时涉及的基本思维模式。

在博物馆中，基于探究的方法旨在激励观众主动观察，并沿着自然的思维路径展开思考，"艺术化思维"（Artful Thinking）[13]便是此类方法的一个代表。如之前的国家美术馆案例所展示，该方法用于指导观众深入探索艺术作品。与视觉思维策略相似，艺术化思维采用简洁明了的策略来引导观众审视艺术作品。不同于 VTS 主要聚焦于单一核心推理策略，艺术化思维则包括多种策略或思维路径，鼓励观众以多样的方式深入理解艺术作品。例如，国家美术馆讲解员所用的"看—思—问"思维路径，共有三个步骤：首先引导学生观察艺术作品（看），然后引导他们形成见解（思），最终激发他们围绕作品提出各种问题（问）。艺术化思维项目中的其他思维路径则专注于积极的观察细节。例如，第二章中介绍的"试一试：观察 10×2"活动所采用的模式强调细致观察，为长时间深入观赏艺术作品提供了构架，并促使观众以新的视角重新审视观察对象。而"创造性提问"模式则通过引导观众就作品提出不同类型的问题，助力他们更全面地理解艺术作品的复杂性。[14]

总体而言，我非常推崇博物馆使用的探究式教学法。在我的职业生涯中，我不仅参与了艺术化思维项目的开发，还对其和 VTS 的效果进行了深入研究。[15]我钟爱与其类似的探究式方法，因为它们确实有效：一旦运用得当，就能显著增强人们与艺术作品之间的互动。无论是在教室、博物馆还是工作坊，我都曾多次见证人们通过探究式方法，对艺术品进行长达 20 至 30 分钟的热烈讨论，而在其他情况下他们可能会对这件作品视而不见。这些项目之所以行之有效，关键在于它们巧妙地利用了人们亲身观察的冲动，提供了有助于延长观察时间的有益结构。但尽管这些项目成效显著，它们也带来了实际的挑战，首当其冲的便是信息的处理。

信息的微妙性

基于探究的方法的基本原则是，一切从观众自己的观察出发，时不时鼓励他们暂时抛开某些人视为必要的作品信息，与艺术作品进行长时间的互动。例如，在前文提及的肖氏纪念碑案例中，五年级学生们投入了大量时间仔细观察、分享他们的发现，并讨论对作品的看法。在这之后，讲解员才透露了关于纪念碑的关键信息，如其名称和所描绘的内容。这并不是说学生提问时不可提供相关信息。事实上，学生们如此专注于观察活动，竟然都没有人提问！他们被作品本身直接呈现的视觉信息深深吸引，并根据自己的洞察和见解提出问题和看法。然而，对这种方法持批评态度者担心，观众可能基于对信息的误读或缺失而形成错误理解，从而错失一次真实的体验。[16]

信息在探究式学习中究竟起什么作用？博物馆界对此争论不休，莫衷一是。数年前，两位博物馆教育界知名人士就此议题进行了一场公开辩论，令人记忆犹新，该辩论内容后来收录于学术期刊《策展人》（*Curator*）。[17]这两位教育家分别是费城艺术博物馆教育部资深策展人丹妮尔·赖斯（Danielle Rice），以及原现代艺术博物馆教育部主任、视觉思维策略项目联合创始人菲利普·耶纳瓦恩（Philip Yenawine）。

作为视觉思维策略的代表人物，菲利普·耶纳瓦恩在讨论视觉探究中信息的角色时，展现了一种纯粹主义的观点。他主张在年轻观众与艺术作品交流之前，不预先提供任何信息。相应地，他强调教育者应挑选那些无须依赖外部信息就能开展体验的作品，并且细心地引导讨论，激发观众仔细观察，从而充分挖掘直接可见的视觉信息。丹妮尔·赖斯也倡导深入观察，但她认为自己的角色是分享个人知识和专业见解，以此增强观众的体验，并在讨论中层层叠加信息，帮助观众深化对艺术作品的理解。赖斯指出："在引导新手观众理解艺术时，我们必须非常谨慎地选择所提供的信息。我们经常向观众提供不恰当的信息，实际上阻碍了他们分析思考的过程。"她继续解释道：

> 我发现，信息的最大用处在于加强并凸显观众对艺术作品的本能反应。比如说，如果观众怀疑一幅描绘母子的画作可能具有宗教意义，我会向他们阐明，这的确是一幅表现圣母玛利亚和婴儿耶稣的作品。通过这种方式，我利用信息来验证观众的初步感知，并激励他们更进一步地进行分析。[18]

闻言，菲利普·耶纳瓦恩稍加反驳："这取决于你所说的'信息'是什么。"他回应道：

> 对我而言，观众深入挖掘图像中蕴含信息的过程极为重要。理解艺术，乃至于获得审美体验，都应从沉浸于艺术家所呈现的作品开始。因此在教学过程中，我刻意省略了所谓的"背景信息"，即图像本身未能直接展示的事实和观点，如有关艺术家的生平故事或作品的制作过程……或是艺术史专家的解读。[19]

耶纳瓦恩进一步说明，对于初学者，他推荐"挑选出那些观众自身的观察可能正好与艺术家希望我们发现的内容相吻合的作品"。他指出：

> 即便如此，可供选择的范围仍然非常广泛——从埃及雕像到众多的日本版画，再到一些挂毯，或是勃鲁盖尔、戈雅、卡萨特、弗里达以及众多摄影师的作品，这里只列举了几例。初学者可以在没有任何干预的情况下讨论这些作品，并且无需额外信息即可展开深入的解读。[20]

本质上，这是一场关于教学技巧而非观众体验的争论。无论是赖斯还是耶纳瓦恩，都希望观众能与艺术作品产生一次真实而深刻的互动体验。他们都期望观众能感受到亲身观察的冲动，并在这一过程中获得成就感。这种成就感既包括对作品理解的深化，也包括探索的激情。然而，他们关于信息对观众获得成就感的影响持有不同观点。我个人认为，长期来看，这两种极端方法都是站不住脚的：持续的信息灌输最终会压制自主探索的欲望，但长时间的自主探索又常常激发出对获取更多信息的渴望，而刻意保留这些信息则会适得其反。

正如前文所述，在亲历了许多基于视觉探究的、热烈的讨论后，我深知当观众有机会真正深入、自主地观察时，他们会投入到何种程度，同时也亲眼看见了他们的观察结果在暂时摒弃外部信息的环境下会变得多么细致。因此，我倾向于"少即是多"的理念，这也正是本书的核心前提。一旦我们真正投入时间进行深入观察，而不只是匆匆一瞥，便会有大量的学习在悄然发生。然而，关于信息在这一过程中所起的作用仍然值得深思。若我们要将"慢观察"视作一种重要且可传授的学习方式，教育者便需要找到切实可行的策略，巧妙地将外部信息融入学生的直接观察体验中，从而强化而非削弱"慢观察"所带来的收获。无论是采用像 VTS 这样的高度结构化方法，还是采用丹妮尔·赖斯所描述的更为自然、反复渐进的方式，基于视觉探究的教学模式都是实现这一目标的有效途径之一。

值得一提的是，耶纳瓦恩和赖斯所讨论的博物馆体验，主要是在教育者的精心策划和引导下进行的。这类体验通常以一群学习者的小组讨论为主，由拥有明确计划和框架的教育者所主导。从结构上看，这种体验更接近于学校里的教学活动，而非博物馆画廊内的自由漫步。这也自然引出了下一章的主题。本章指出，博物馆作为一种广泛存在的文化学习机构，在现代社会中之所以蓬勃发展，是因为它们提供了各种方式，让人们亲身观察事物，从而体验到了认知上的愉悦。博物馆之理念本身具有强大的吸引力，能够汇聚五花八门、林林总总的活动。接下来的章节将转向另一个更为普遍的文化学习机构——学校，它在公众想象中同样具有极强的吸引力。

注释

1 *Museums of the World*. （2012）. Berlin, Boston：De Gruyter Saur. Retrieved 3 Dec. 2016，检索自 http://www. degruyter. com/view/product/180440。

2 转引自 Alexander, E. P. & Alexander, M. (2008). *Museums in Motion: An Introduction to the History and Functions of Museums*. Lanham, MD：AltaMira Press。

3 Weil, S. (1999). From being about something to being for somebody：The ongoing transformation of the American museum. *Daedalus 128* (3), 229 - 258.

4 Unknown author. (1849). *Catalogue of Curiosities in the Museum of the Asiatic Society, Calcutta*. Calcutta, India：J. Thomas, Baptist Mission Press.

5 检索自 https://en.wikipedia.org/wiki/Cabinet _ of _ curiosities。

6a. 转引自 Findlen, P. (1990). Jokes of nature and jokes of knowledge：The playfulness of scientific discourse in Early Modern Europe. *Renaissance Quarterly 43* (2), 292 - 331。

6b 同上，p. 298。

7 同上，p. 319。

8 同上，p. 319。

9 2001 年对大都会艺术博物馆的参观者进行的一项研究显示，人们平均观赏一件艺术作品的时间为 27.2 秒，中位数为 17.0 秒。详见 Smith，J. K. & Smith，L. F. (2001). Spending time on art. *Empirical Studies of the Arts 19* (2)，229－236。

10 有关"角落里的艺术"的更多信息，请访问 http://www. nga. gov/content/ngaweb/education/teachers/art-around-the-corner. html；文中的故事收录于国家美术馆制作的视频中，详情请见官网。

11 Wolpert-Gawron，H. (2016，Aug. 11). "What the heck is inquiry-based learning?" *Edutopia*. Retrieved from http://www. edutopia. org/blog/what-heck-inquiry-based-learning-heather-wolpert-gawron.

12 请参阅 http://www.vtshome.org/。

13 更多有关"艺术化思维"项目的信息，请参阅 http://pzartfulthinking.org/。

14 请参阅 http://pzartfulthinking.org/。

15 请参考 Tishman，S. & Palmer，P. (2007). Works of art are good to think about：A study of the impact of the Artful Thinking program on students' and teachers' concepts of art，and students' concepts of thinking. In *Evaluating the Impact of Arts and Cultural Education* (89 –101). Paris：Centre Pompidou。

16 请参阅 Burnham，R. & Kai-Kee，E. (2011). *Teaching in the Art Museum: Interpretation as Experience*. Los Angeles：J. Paul Getty Museum。

17 Rice，D. & Yenawine，P. (2002). A conversation on object-centered learning in art museums. *Curator: The Museum Journal 45* (4)，

289 - 301。

18 同上，p. 296。

19 同上，p. 293。

20 同上，p. 293。

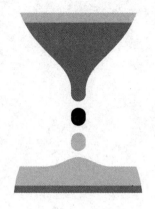

慢观察：观察学习的艺术与实践

第六章

校园中的观察

博物馆和学校的共通之处在于，它们各自的理念中都蕴含着极大的多样性。正如不同类型的博物馆以丰富多彩的展品和独特的参观体验展现其多元面貌，各类学校在教学内容、教学方法和教学对象上也各有千秋。尽管二者都有其核心的组织原则，但博物馆强调亲身观察事物具有不可替代的价值，而学校的核心理念则更倾向于遵循一套有组织的教学模式，以实现高效的学习。这种教学模式可能是一整套课程体系、教学大纲或学习计划，有时甚至可能没有正式的名称。它可能经过预先设计且适合于所有学生，如核心课程；也可能是基于学生的个人成长经验而逐步构建的，这在导师制或个性化教学计划中尤为显著。但无论教学如何开展或实施，都始终围绕着一个核心理念：通过遵循有组织的教学模式，以培育、促进或提升学习效果。这正是构成"学校"理念的核心所在。

值得一提的是，博物馆的核心理念——亲身观察事物具有独特的认知价值——并非学校传统理念的固有部分。事实上，一想到学校，人们就会想起这样一种刻板画面：老师站在教室前授课，学生整整齐齐地坐成排面向黑板听课，这与亲身观察的理念大相径庭。然而，在若干历史教育哲学中，亲身观察所带来的认知益处实际上占据了核心地位，而探究这一理念的发展脉络亦趣味横生。

第一本图画书

17 世纪中叶，捷克牧师约翰·阿莫斯·夸美纽斯（John Amos Comenius）在欧洲已声名远扬。他不仅是满怀激情的神学家和杰出的哲学家，更因其远见卓识的教育改革者身份而广受赞誉。夸美纽斯出生于摩拉维亚，由于他持新教观点，在反宗教改革势力统治的欧洲多次被迫流亡。他与家人曾在英格兰、瑞典、特兰西瓦尼亚、匈牙利和荷兰等地辗转生活。即便生活屡遭波折，夸美纽斯依然笔耕不辍、坚持教学。他对普及教育的重视和对所谓"以儿童为中心"教育方法的独到见解，使其赢得了那些希望在英格兰、瑞典和波兰建立先进教育体系的官员们的青睐。1657 年，正值职业生涯巅峰的夸美纽斯出版了《图画中见到的世界》（*Orbis Sensualium Pictus*，英文名为 *The World of Things Obvious to the Senses Drawn in Pictures*）。该书最初以高地德语撰写，并迅速被翻译成英语，被誉为世界上第一本儿童教学图画书，且在随后的两个世纪里成为全球范围内使用最广泛的教科书之一。

《图画中见到的世界》所体现的核心理念在于，儿童可以借助感官体验来直观地感受世界，从而自然地进行学习，而正规教育应当最大程度地利用这种天然的优势。这本书收录了孩子们在日常生活中会遇到的各种事物的图像，如欢唱的小鸟、吃草的羊群，以及烘焙、钓鱼和打铁等家庭和职业活动中的典型情景。

《图画中见到的世界》虽然自我定位为图画书，但正如其全名所示，该书实际上融入了通过多种感官学习的理念。该书从一开始便采用了多感官教学法，教授儿童学习字母。按照夸美纽斯在序言中的阐述，孩子们首先通过观察动物的插图来认识字母。接着，他们会听到朗读者模仿那些动物的叫声，这些声音与图画旁的字母相匹配（如"鸭子嘎嘎叫"）。夸美纽斯认为，这种结合视觉与听觉的教学方法，可以有效地加深孩子们对字母的记忆。随着教学的深入，孩子们还被鼓励亲手临摹这些图画。通过绘画活动，他们能持续地从感官体验中汲取知识，实现自然学习。

夸美纽斯见解的独到之处在于，他认为亲身观察和感知不仅能带来感官的愉悦，同时也蕴含着强大的认知力量。他在作品序言中提出了与前一章类似的观点——通过亲身观察所获得的认知能力部分源于那些通过其他途径难以高效获取的综合信息，他对这一理念表示认同。在序言中，夸美纽斯解释了为何儿童应通过感官学习，特别是通过观察图画来学习，其根本原因如下：

图 6.1　夸美纽斯《图画中见到的世界》节选，1705 年，公共版权

I. 学校应当吸引天资聪颖的学生，让他们觉得上学不是一种煎熬，而是一种快乐。因为显而易见，甚至从襁褓中起，孩子们便热衷于图画，欣然陶醉其中，让图画之光变成眼中的盛宴。

II. 其次，这本小书旨在唤起注意力，聚焦于物体，不断打磨注意力。这一点同样至关重要。因为感觉（是儿童的第一位导师，儿童的心智尚未成熟到对事物进行抽象思考的程度）通常要求有对象，看不到对象时他们就变得迟钝、无聊，注意力分散；但当对象出现时，他们就开始高兴、活泼起来，心甘情愿为之吸引，直到事物变得清晰可辨。因此，本书的过人之处在于捕捉稍纵即逝的聪颖之光，并为更深入的学习做好准备。[1]

夸美纽斯是否将观察图画的过程视为获取直接知识的宝贵途径？还是仅仅把其作为迈向更抽象思维的跳板？这一点尚不明确。一方面，他指出感官可以"心甘情愿为之吸引，直到事物变得清晰可辨"，另一方面，他认为儿童的心智"尚未成熟到对事物进行抽象思考的程度"，并且认为观察图画是为"更深入的学习做好准备"。

显而易见的是，夸美纽斯深信直接观察图画的行为本身就极具吸引力。他说道，孩子们"欣然陶醉其中，让图画之光变成眼中的盛宴"。同样，他认为通过直观的视觉感知来学习是孩童的天性所在。夸美纽斯指出："因为显而易见，甚至从襁褓中起，孩子们便热衷于图画。"他进一步主张，组织教学时应充分利用这一事实。显然，他在编撰《图画中见到的世界》一书时也遵循了这一准则。

"顺应自然的教育"

一个世纪之后，哲学家让-雅克·卢梭（Jean-Jacques Rousseau）继承并发展了教育应顺应儿童天然感官倾向的观念，并提出了著名的"顺应自然的教育"理论。

与夸美纽斯一样，卢梭也深刻认识到人类通过感官体验来学习的强大本能。他坚信人本善良，但最终可能被社会环境所腐化。因此，他认为我们从感官中学习的本能不仅具有道德意义，还在认知上有其权威性。在卢梭的理想世界中，孩子们通过早期教育来理解现实世界的本质。这种教育强调与广阔的物理世界（尤其是自然环境，而非城市环境）直接接触和主要基于感官的学习，以帮助孩子们在成长过程中形成善良的品格。

亲身观察无疑是人们与物理世界直接互动的一种方式，毕竟眼睛是我们的感官之一，而卢梭明确支持将直接观察作为一种感官学习的方法。尽管如此，他更推崇的是通过身体与周遭环境中的物体进行互动，并从这些互动中获得的感官体验来进行学习。在其经典著作《爱弥儿》中，卢梭通过讲述一个名叫爱弥儿的男孩的虚构故事，展示了他对理想教育的见解。在书中一篇著名的章节里，他如此阐述道：

你那个性情暴烈的孩子碰到什么就搞坏什么，你不要生气，把他能够搞坏的东西都放在他拿不着的地方。他打坏他所用的家具，你别忙着给他另外的家具，让他感觉到没有家具的不方便。他打破房间的窗子，你就让他昼夜都受风吹，别怕他受风寒，因为，宁可让他着凉，不可让他发疯。绝不要埋怨他给你造成的种种麻烦，不过，你要让他头一个感觉到这些麻烦。[2][①]

对于卢梭而言，孩童渴望通过感官试错来探索世界，这是一种出于本能的冲动，且在他所倡导的"顺应自然的教育"中，遵从这些本能冲动能够自然地

---

① 卢梭著，李平沤译，《卢梭全集》，第 6 卷，爱弥儿（上），北京：商务印书馆，2012 年，第 131—132 页。——译者注

促进学习，尤其在成人的适当引导下效果更为显著。然而，孩童顺应自然的学习方式并不局限于感官探索，还包括观察和模仿成人的日常行为，或是沉浸于充满想象力的游戏之中。亲身观察无疑也是一种本能的感官冲动，甚至可能比破坏家具的冲动更加强烈。它在学习中的重要性不仅源自其本能性，更在于它通常能带来丰富的认知成果。换言之，通过亲身观察，我们能迅速且生动地获取和整合多种信息。

卢梭在论述感官学习的重要性时，不仅强调了亲身观察的重要性，更在某种程度上深化了这一观点。他认为，即便是像破坏家具这样的行为，在某种意义上也可以被视作一种亲身观察，因为它本质上是对物体感官特性的直接探究，这正是卢梭所试图表达的观点。然而，与夸美纽斯不同，卢梭并没有特别重视观察这一环节。卢梭的哲学思想确实纳入了观察这一要素，但他并未明确区分通过观察学习和更为具身化的感官探索学习之间的差异，而后者往往涉及具体的试错过程。同时，他也没有特别强调孩子们在观察时体验到的那份纯真的快乐。尽管如此，卢梭对于"顺应自然的教育"和通过感官学习的重视，仍然对后世的教育家们产生了深远的影响，特别是那些重视观察在学习过程中作用的教育家们。

以儿童为中心

约翰·海因里希·裴斯泰洛齐（Johann Heinrich Pestalozzi）便是其中之一。这位深受卢梭哲学影响，且对孤儿和贫困儿童有着深厚关怀的教育家，毕生投身于开发一套教育理念，致力于培养孩子的"心灵、手艺和思维"。他最为人知的成就，便是于1802年在瑞士伊韦尔东创立的那所学校，引起了全球的关注。据称，曾有成千上万的欧美人士慕名前来，观摩学习该校独特的教育模式。

　　若你步入位于伊韦尔东的这所学校，可能会见到不同年龄的孩子正在分组进行各式各样的活动。

　　一组孩子正聚精会神地观察某个物体，而另一组孩子则专注于手工。有些孩子可能正聆听老师的非正式讲座，还有另一些孩子则在校园的露天场地进行园艺工作或探索自然。你不太可能见到孩子们规规矩矩地坐着，双手交叠在膝上，被动地接收老师传授的信息。伊韦尔东学校采用温馨、积极、以儿童为中心的教学模式，将孩子的直接感官体验置于学习的核心位置，从而形成了所谓的"裴斯泰洛齐教学法"（Pestalozzi method）。这种方法的核心理念在于根据孩子们的天生兴趣和发展需求来设计课程，而不是采用更传统的、自上而下的教学方法。

图 6.2 《裴斯泰洛齐在其位于诺伊霍夫的学校》，康拉德·埃米施（Conrad Ermisch）绘，1882 年

　　裴斯泰洛齐教学法中不可或缺的一环即为实物教学。在这些持续时间较长的课程中，孩子们被引导去细致观察他们熟悉环境中的各种物体，如教室外的土地、一块石头、一粒胡椒、一片树叶或一朵花。教师会鼓励孩子们投入足够的时间来观察、描述并绘制这些物体，以深入理解它们的感官特性。在此过程中，孩子们通过提出问题和探索发现，进行归纳推理，形成对观察对象特性更加抽象的理解——这些理解深深根植于孩子们自身的感知体验当中。

　　实物教学（有时亦称为"物体理论"）基于裴斯泰洛齐的理念，即人们能够最有效地学习那些直接呈现在他们面前的事物——尤其是通过感官所感知的事物。他认为，提升学生的感知能力是构筑抽象知识体系的基础。虽然这听起来可能略显枯燥，但正如伊韦尔东学校的访客们所描述的那样，裴斯泰洛齐式的教育充满了对孩子们的深情关爱和对他们自主探索能力的真诚赞赏。裴斯泰洛齐教学法并非一套固定的教学步骤，它代表着从传统的、以教师为中心的教学方式向以儿童为中心的教育新理念的转变。在这种方法中，教师不是单方面传授知识，而是依托孩子们的直接经验，以细腻和温和的方式，引导他们步入思维的殿堂。

　　裴斯泰洛齐的教育理念与亲身观察的本能冲动之间存在两个重要的联系点。首先，他强调了直接观察的重要性，即亲身观察的重要性；其次他强调了个体作为知识创造者的重要性。他深信孩子们天生就有进行亲身观察的渴望，并且通过这种方式可以获得真实而深刻的知识。在本章提及的所有教育家中，裴斯泰洛齐的理念可能最贴近本书的三个核心观点：（1）亲身观察的冲动是出于本能，且这种冲动本质上极具吸引力；（2）即便是未受过专门训练的人士，也能通过直接观察收获复杂的理解；（3）从学习的角度来看，延长观察体验的时间可以带来巨大的益处。

　　裴斯泰洛齐认为，儿童个人经验应成为其教育的核心，该理念对过去两个世纪的教育理论和实践产生了深远的影响。这一理念推动了教育领域的进步主义运动，并在约翰·杜威（John Dewey）的哲学体系中得到了进一步的发展。在本章的后续部分，我们将详细探讨杜威的思想与裴斯泰洛齐所强调的直接观察形式之间的联系。但在那之前，让我们先分享几个引人入胜的故事。前两个故事将展示 19 世纪两位为不同年龄段学生授课的教育家是如何在他们的教学实践中突出对物体持续观察的重要性：一位是裴斯泰洛齐的学生，被誉为"幼儿园之父"的弗里德里希·福禄培尔（Friedrich Froebel），另一位是路易斯·阿加西斯（Louis Agassiz），科学家兼教育家，哈佛大学比较动物学博物馆的创始人，以其独树一帜的研究生教学风格而著称。

福禄培尔和他的礼物

年轻的弗里德里希·福禄培尔初涉教育行业时，曾两度前往伊韦尔东向裴斯泰洛齐学习。第一次是在 1805 年，当时他 24 岁，仅作短暂停留；而后于 1807 年再度前往，并在此学习了数月。这些经历对他产生了深远的影响。福禄培尔深受实物教学法的启发，并对学校所营造的温馨、富有支持性的学习环境印象深刻。在随后的三十年间，他不断深化和发展自己的教育理念，并于 1837 年在德国创办了一所专门为幼儿设计的"游戏与活动"机构，其中融合了他的核心教育思想。他为这所学校取了一个富有寓意的名字——"幼儿园"（kindergarten），意为孩子们的成长乐园。

福禄培尔的独到见解在于，他认识到游戏和创造性的自我表达是极其有效的学习方式。因此，在他创办的幼儿园中，孩子们参与的活动内容丰富多样，包括唱歌、讲故事、进行充满想象力的游戏，以及对各种物体和材料进行富有趣味的探索。作为课程设计的重要一环，福禄培尔精心准备了一系列被称作

"礼物"的教学工具。利用这些简易的物品并通过游戏的方式，循序渐进地激发孩子们的学习兴趣。第一个"礼物"是穿在一根绳上的六个软质精纺羊毛球；第二个"礼物"是三个一组的木质几何体——球体、立方体和圆柱体；第三个"礼物"是八个一组的立方形小木块；而第四个则是八个长方形木块。

准备这些"礼物"的目的在于通过孩子们与它们的互动，如触摸、滚动、堆叠，引导他们探索物体独特的物理特性，并由此理解更深层的抽象概念。例如，同时操作球体、立方体和圆柱体，能够帮助孩子们形成对立和组合的概念——球体与立方体形成鲜明对比，而圆柱体则巧妙融合了它们的特性。对此，福禄培尔作了以下阐释：

> 我的教育方法从一开始就向学生们提供了这样的机会：让他们能直接从事物中获取个人体验，亲眼观察，亲手实践，从而理解事物本身及其相互间的关系。[3]

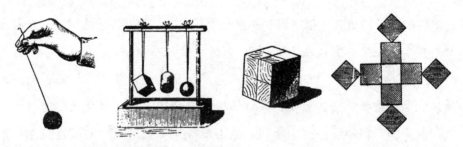

图 6.3　福禄培尔的部分"礼物"，公共版权

同裴斯泰洛齐一样，福禄培尔也认为孩子们应通过直接观察和自我引导的活动来构建自己的知识体系。他在这一点上甚至超越了裴斯泰洛齐，特别强调了游戏在学习过程中的重要作用。

在当代幼儿园中，我们期望看到的正是那些充满乐趣的自主活动，这恰恰证明了福禄培尔理念的强大影响力及其传播范围之广。但在19世纪中叶，这种围绕孩子们的自主游戏来安排课程的理念，与当时主流的教育观念格格不入。

因此，在 1876 年的费城世界博览会上，特意设立了一个福禄培尔式的课堂展区，旨在向参观者展示这一创新理念的实际应用情况。一群来自当地一个名为"北方无依儿童之家"（这个名字本身就令人感到心酸）的孤儿院的孩子们，被带到了一个模拟的幼儿园教室里。在两位年轻女教师的悉心引导下，他们体验了福禄培尔设计的各种"礼物"。观众们从栏杆后面观望，常常驻足数小时，仔细观察孩子们的活动。一天的课程结束后，他们还会主动与教师交谈，了解其教学方法。据说，这个展项成为了当时博览会上最受欢迎的展项之一。

"向自然学习，而非书本"

就在三年前，距上述故事地点仅数百英里的东北方，一场同样影响深远的教育实验在马萨诸塞州巴泽兹湾一个饱受风雨侵蚀的小岛上悄然展开。那是 1873 年的夏天，知名科学家路易斯·阿加西斯在此成立了安德森自然历史学校。学校以纽约商人约翰·安德森（John Anderson）的名字命名，因为他慷慨捐赠这块岩石小岛以支持阿加西斯的项目。该校成立的初衷是作为夏季的实地考察站，旨在帮助公立学校教师通过与阿加西斯共同学习并亲身体验他的教学方法，从而深入了解自然历史及其教学方式。1874 年，《自然》期刊上的一封致读者的信是这样描述这所学校的：

在夏季的数月内，自然历史各领域的课程教学将会在海边开展……这些课程由阿加西斯亲自主持，他得到了哈佛大学及美国其他科研机构的同行们的大力支持与协助。课程的核心目的在于帮助那些希望将自然历史学科引入学校教育的教师，以及正准备踏上教师职业道路的学生们，提供给他们所需的知识和技巧。[4]

当时已 72 岁高龄的阿加西斯，作为一名科学家和教育家，在公众中享有广泛的知名度。他生于瑞士，早年便投身于阿尔卑斯山区的冰川运动地质研究，正是这些研究促使他在美国开展了一系列巡回演讲。这些演讲大获成功，以至于哈佛大学随后向他发出邀请，请他担任教授。作为哈佛大学动物学教授以及一位热衷于收集自然标本的学者，阿加西斯创建了比较动物学博物馆。时至今日，这家博物馆依然展示着他对自然历史的深邃洞见。[5]

阿加西斯的教学方法堪称传奇。事实上，他可以说是"慢观察"的极致践行者。当学生们满怀期待地来到哈佛大学的阿加西斯实验室时，他通常会先交给他们一些自然标本，如一副鱼骨，并指示他们去细致地观察。学生们遵从指令，数小时后汇报观察结果，但阿加西斯总是要求他们继续深入观察，如此不断地观察、观察、再观察。有这样一个广为流传的故事，说的是阿加西斯的学生塞缪尔·斯卡德（Samuel Scrudder）回忆起了他最初经历的挫败感，但在阿加西斯的一再坚持下，他日复一日地观察同一条鱼，终于有所启发。斯卡德曾费尽心力寻找新的特征：

我把手指伸进它的喉咙，感受那锋利的牙齿。我开始数每一行的鱼鳞，直到我确信这样做毫无意义。最后，我灵机一动——我决定画下这条鱼；令我惊讶的是，在绘画的过程中，我开始在这个生物身上发现了新的特征。[6]

斯卡德的经历是一个典型案例。年轻时曾随阿加西斯在亚马孙河上航行的威廉·詹姆斯（William James）在阿加西斯去世二十年后，于比较动物学博物馆举办的一场科学会议上如此回忆道：

在新英格兰，几乎公立学校的每位教师都会同你分享阿加西斯独特的教学方法。他曾将学生单独关在一个满是海龟壳、龙虾壳或牡蛎壳的房间里，不提供任何书籍或文字资料，让学生们自行探究，直到他们揭开那些自然标本所蕴含的全部真相。总是有学生始终无法突破……"走近自然，亲自探寻真相，仔细观察，并亲眼见证！"——这是阿加西斯所到之处频频传授的箴言，它们对教学法产生了革命性的影响。[7]

尽管阿加西斯具有众多的科学头衔，但别人介绍他时，他更愿以"路易·阿加西斯，自然历史教师"的身份自居。他热衷于自然历史教育，强烈反对仅依赖书本和死记硬背的科学教学方式，并极力推崇直接研究大自然。他认为这种方法具有三个方面的益处：首先，它使人们对自然世界有了真实而深刻的认识；其次，符合人类亲身观察事物的本能；最后，通过与自然的亲密接触，能够丰富和提升人们的精神生活。阿加西斯希望学习自然历史的学生们能以自然为教科书，并经常强调："如果你只是通过书本来学习自然，那么当你走出户外时，你将无法真正地发现她的美。"[8]与同时代的其他科学家相比，他更加热衷于推广自然历史的学习，并致力于从根本上改变大学乃至公共教育系统中的科学教育方式。为了实现这一目标，他在哈佛大学采用了一种罕见的方法——向公众开放讲座，并特别鼓励包括女性在内的公立中小学教师积极参与。

安德森自然历史学校的重要之处在于它进一步扩大了阿加西斯关于直接研究自然重要性这一观点的影响力。在宣传该学校的公告中，阿加西斯如是说：

我不打算在那些能够通过书本学习的领域进行过多的教学。恰恰相反，我的目标是帮助参与者学会亲自观察。因此，我建议那些仅希望以传统的讲授和背诵方式来学习自然历史的人，放弃加入本校的想法。[9]

在佩尼克斯岛跟随阿加西斯学习的学生和教师中，有许多已经或即将成为杰出科学家或具有影响力的教育家。他们积极推广了阿加西斯的理念，学校的声望也因其作为阿加西斯生前最后一个重要项目而尤为显赫。他于次年十二月去世，尽管他的儿子亚历山大·阿加西斯（Alexander Agassiz），一位同样卓有成就的科学家，接手学校并继续运营了一个夏季，但该项目最终还是渐趋沉寂。

（值得一提的是，亚历山大·阿加西斯成功地延续了其家族与比较动物学博物馆的深厚渊源，担任博物馆馆长、赞助人和理事长达四十年之久。）

虽然从某些方面来看，路易斯·阿加西斯的教学方法可能略显极端。但实际上，这些方法根植于一个与本书核心思想高度契合的理念，那就是通过延长观察的时长，而不仅仅满足于匆匆一瞥，我们能够收获更为丰富的知识。在延长观察时间的过程中，缓慢而细致的观察能够逐渐积累出独特的学习成果，而这些成果主要得益于在持久观察中所进行的主动探索和自我发现。正如阿加西斯所强调的："亲自探寻真相，并亲眼见证。"

自然学习运动（The Nature Study Movement）

阿加西斯所倡导的"向自然学习，而非书本"的理念激发了公众的想象力，并成为美国教育领域新兴的自然学习运动的标志性口号。尽管阿加西斯未能亲眼见证他的思想蜕变成为一个普及的教育现象，甚至从未听闻"自然学习运动"一词，但他依然是这场运动的领军人物和灵感之源。

自然学习运动的核心理念是引导人们走向户外，亲近大自然，通过对日常生活中的动植物进行细致的观察，人们在智力和精神层面与自然环境建立联系。这一运动是科学探究与情感培育相结合的产物，并与 19 世纪末的众多先进思想一样，在日益机械化的现代生活背景下愈发受到青睐。自然学习运动的倡导者们将人们与自然的互动视为一剂良药，以此对抗消费主义和工业化带来的麻木感。深入探究自然，能够重新激发起人们——尤其是年轻一代与自然世界的本能联系，并在此过程中培养科学研究所需的智力能力。自然学习不仅彰显了现代精神，更融入了古老的智慧。正如凯文·阿米蒂奇（Kevin Armitage）在其深入探讨自然学习运动历史的著作中所述："自然学习的倡导者试图在拥抱现代科学的同时，保留与自然的传统互动方式，这种方式提供了科学无法给予的独特体验和伦理洞察。"[10]

自然学习运动在 19 世纪末至 20 世纪初的三十余年间极为盛行，它不仅是一种教育运动，更成为一种广受欢迎的文化休闲活动，极大地激发了公众的想象力和创造力。阿米蒂奇对这一现象有如下描述：

带上旅游指南、相机和收集瓶，充满好奇心的美国人纷纷走出家庭和教室，涌向附近的森林、草原、河畔和山区，以更深入地探索大自然的奥妙。这场被热情的参与者们称作"自然学习"的运动，利用自然历史的基础教学，如植物识别、动物生命史和学校园艺来培养适应工业生活所需的技能，同时促进在现代生活中被遮蔽的精神性成长。[11]

自然学习运动在其鼎盛期于美国各州的公立学校中得到了广泛推广。许多州推行了统一的自然学习课程体系，有的州甚至将其列为必修科目。这一运动的一大深远影响便是让科学成为小学必修课程中不可或缺的一部分。然而，自然学习与传统科学教学之间最显著的区别在于，它强调自然界各环节间的相互联系。这一运动的实践者主张，应将研究的动植物视为相互关联的生态环境中的一部分，而非实验室里孤立的标本。秉承这一思想，自然学习运动为 20 世纪生态学、环保主义和自然保护等领域的科学与人文研究兴趣的增长打下了坚实的基础，深刻影响了雷切尔·卡森（Rachel Carson）、奥尔多·利奥波德（Aldo Leopold）等科学家的自然保护伦理观，以及特迪·罗斯福（Teddy Roosevelt）的自然保护政策——他们都曾在童年时期亲历自然学习。

在本章已探讨的各种教育哲学中，自然学习似乎与有意识地开展"慢观察"的理念最为契合，至少从表面上看确实如此。这是因为自然学习运动明确鼓励人们投入大量时间，亲身体验和观察自然界的神奇奥秘。事实上，这些持续的户外观察体验活动恰恰构成了该运动的核心。因此，对自然学习运动进行深入探讨，以了解其对于教育实践中的"慢观察"所蕴含的深刻启示和潜在困惑，无疑颇具价值。

正如阿米蒂奇所指出的，自然学习运动的目标非常广泛，既包括科学探索，也涉及精神成长，这种广泛性使不同理论家和实践者强调了不同的侧重点。1903年，康奈尔大学园艺系主任、自然学习的重要倡导者利伯蒂·海德·贝利（Liberty Hyde Bailey）写道："研究自然有两个目标：一是发现新真理，以丰富人类的知识；二是培养对自然的共鸣，以提升生活的乐趣。"[12]贝利更倾向于后者。他认为，传统的科学教育旨在培养"研究人员和专家"[13]，而自然学习的主要目标则是"使每个人的生活更为丰富"，这种丰富性与人们对自然界的共鸣和连接有关。但要实现这一目标，坚持严谨性是必要的。贝利深信，长时间且细致的观察蕴藏着巨大的力量。他认为，通往更加丰富生活的途径在于严谨地观察自然，而非将自然界过于浪漫化或理想化。他引用了同时代的英国实验心理学家E. B. 蒂舍纳（E. B. Tichener）的言论以支持自己的观点。蒂舍纳在谈及自然学习的三大风险时指出："首先，在努力与自然产生共鸣时，我们可能会陷入感伤主义。其次，为了避免创造虚构的童话故事，我们可能会走向另一个极端——设想童话本身真的有害；我指的是将人类的情感或行为特质错误地应用于解释动物的行为。最后，当我们试图过度简化复杂的概念时，我们可能会丧失精确性。"[14]

贝利关于自然学习的双重目标——通过细致的观察增长知识，以及通过与自然的连接"提升生活的乐趣"，与第三章中"走出伊甸园"学习项目中关于学生体验的研究发现有着异曲同工之妙。你或许还记得，"走出伊甸园"学习项目是一个社交媒体式的在线平台及课程，它鼓励来自世界各地的学生去探索自己的社区，并通过数字化方式与其他学生分享他们的经历。学生们在当地社区中漫步，通过写作、绘画或摄影记录下他们在日常生活中发现的点滴趣事。无论学生们来自何处，居住在城市还是乡村，身处资源丰富还是匮乏的社区，他们都会被自然世界深深吸引。在社区的漫步中，学生们拍摄下植物、花朵、鸟巢和蛇的蜕皮；捕捉到树皮的粗糙触感和人行道上水洼的平滑表面；描述沙子的质地、微风的低语和多感官的交融，以及头顶上云层的轻盈变幻。当学生们填写"走出伊甸园"学习项目的体验问卷时，这些自然世界中的细节成为他们分享的亮点。他们谈及以全新的视角观察日常环境、发现周遭世界的细节之美是何等迷人；他们还提到，放慢脚步带来的意外之喜，以及身处自然如何让他们回归生活的本质。对于参与"走出伊甸园"学习项目的学生而言，贝利提出的自然学习的两大目标——细致的观察与生活的乐趣是相辅相成，而非矛盾对立的。

安娜·博茨福德·科姆斯托克（Anna Botsford Comstock）若得知"走出伊甸园"学习项目的学生们能够如此和谐地融合自然学习的双重目标，定会感到十分欣慰。与贝利一样，她也同样警惕过分情感化的倾向。科姆斯托克在康奈尔大学求学期间就与贝利相识，后来又与他合作为纽约州设计并实施了自然学习课程。在自然学习运动的进程中，她无疑是一位极富魅力的重要人物。科姆斯托克不仅是一位才华横溢的艺术家、自然学家、教育家、保护主义者，她还撰写了广受欢迎的《自然学习手册》（*The Handbook of Nature-Study*）。自 1911 年首版以来，此书多次再版。作为一位教育家和教师培训者，科姆斯托克的贡献尤为卓越，而此书主要汇编了她多年来为教师撰写的文章、课程和小册子。

或许更甚于贝利，科姆斯托克强调自然学习的核心在于清晰、细致的观察。她在自己的书中这样定义自然学习：

> 自然学习，尽管讨论多多，误解多多，但其本质仍是对自然的研究；它由

简单且真实的观察构成，这些观察就像串在理解之线上的珠子，最终形成逻辑和谐、统一的整体。因此，自然学习教师的目标应该是培养孩子们准确观察的能力，并在他们心中建立起对自然界的理解。[15]

当贝利讨论如何帮助孩子们"在心中建立起对自然界的理解"时，她特别强调让孩子们自己来完成这一过程。她认为，孩子们通过亲身观察和调查，以及根据自己的感知来构建对自然世界的理解，就能实现这一目标。她在以小学教师为主要读者对象的《自然学习手册》中，特别强调了亲身观察的重要性。实际上，科姆斯托克坚信个人观察具有不可替代的价值，这构成了其教学方法的核心。在向教师传授这一理念时，她直言不讳地指出："通常情况下，学生对自然学习缺乏兴趣，往往是因为教师的教学方法不当。教师可能试图直接向学生灌输事实性知识，而实际上，她更应该引导学生自主发现并观察这些事实。"[16]

《自然学习手册》这部厚达900多页的著作，主要聚焦于教授学生如何观察日常环境中的特定动植物。每节课程均通过一系列的问题，围绕一个富有启发性的核心主题，引导学生细致观察，并参与一系列相关联的观察活动。科姆斯托克反复强调，这些课程应当被教师视为启发性的工具，而非一成不变的教条。她直言不讳地提醒道："直接提问法若运用不当，可能会让学生和教师都感到枯燥无味。如果这些问题无法激发孩子的探索欲，那它们便失去了意义。"例如，在一节关于母鸡的课程中，她便以这样的问题作为开篇：[17]

> **第一课　羽毛：鸟类的衣裳**
>
> 　　核心思想——羽毛生长在鸟的皮肤上，保护鸟类不受雨、雪、风和寒冷侵袭的影响。有些羽毛像斗篷或雨衣一样起作用，而其他则像内衣。
>
> 　　教学方法——在本课中，应让孩子们近距离观察母鸡，以便观察和了

解不同类型的羽毛的生长方式和位置。学生们还应分别研究鸡背、鸡胸部和鸡腹下侧的羽毛，以及正在生长的新羽毛。

学生观察问题——1. 母鸡背上的羽毛是怎样排列的？它们是否像屋顶上的瓦片一样排列？2. 下雨时的母鸡是什么样的？3. 鸡胸的羽毛又是如何排列的？4. 比较鸡背和鸡胸上的羽毛，观察二者之间的区别。

在《自然学习手册》中的"学生观察"部分，科姆斯托克鼓励教师提出的问题看似简单，甚至可能显得过于直白，但这些问题实际上经过精心设计，旨在激发学生的思考而非过度引导，给学生留下了深入观察和自行发现的空间。例如，问题"鸡胸的羽毛又是如何排列的？"就要求学生们亲自细致观察，以识别其中的细微规律。作为对比，以下是同一时期另一本自然学习书籍中关于鸡的课程节选。这些课程也以问题的形式呈现给学生，但在该例子中，学生预期的回答已在括号中给出。

鸡是如何飞行的？（通过拍打翅膀在空气中产生推力。）

鸡需要经常飞行吗？它什么时候会飞？（它会在其栖木附近飞行。）

你知道为了防止鸡飞越围栏，人们有时会采取什么措施吗？（剪掉一侧翅膀的羽毛。）

这对防止鸡飞得太高有何作用？（这会让它们无法维持平衡。）[18]

尽管该作者可能颇具课堂教学天赋，但他所编写的问题与科姆斯托克的风格迥然不同。这些问题似乎更多地鼓励学生去寻找教师预设的答案，而非鼓励他们直接观察，更像是一种问答式的互动模式。对这种微妙的措辞上的差异吹毛求疵可能看起来有些挑剔，但在学校环境中，学生的整体学习体验深受教学方式的影响，而"慢观察"的认知收益很大程度上依赖于教学风格和方法。要摒弃机械式的回应，采用基于探究的教学方法，就要求教师必须具备极高的教学技巧。虽然教育理论上不乏关于以学生为中心的教学方式的讨论，但即便是在 21 世纪的今天，许多教师仍未接受过这种教学方式的培训。"慢观察"对学生的潜在益处与教学方式紧密相连。这一主题在探索历史和当代"慢观察"实践中不断出现——正如上一章关于博物馆的讨论所示，我们将在本书的最后一章中进行更深入的探讨。

尽管教育方法本身充满挑战（这不仅是对自然学习而言，对本章中提及的所有教育方法也同样适用），但有趣的是，自然学习与迄今讨论的其他教育观念之间存在一些共通之处。如同夸美纽斯的《图画中见到的世界》，自然学习的教材同样以儿童日常生活中的事物和经历作为出发点。像卢梭、裴斯泰洛齐和福禄培尔一样，自然学习的拥护者认为他们的方法能抵御现代化的负面影响，并努力将其教育原则与他们认为的儿童自然发展相协调。所有这些方法都旨在激发学生亲身观察事物的天性，并基于学生在现实世界中的直接经验来进行教学。

这一理念强调了直接经验的重要性，并将我们带入本章最后一个教育哲学观点的探讨——约翰·杜威的理论。

杜威的进步教育

约翰·杜威是美国哲学家和教育理论家，其思想深刻地影响了我们对 20 世纪及 21 世纪进步教育的认识。作为一名多产的作家和活跃的公共知识分子，杜威认为教育是影响社会向善发展的最有力的方式。他主张通过培养学习者独立思考的能力，使他们能够从个人视角重新解读历史，还能让他们积极投身于不断追求公正和民主的社会建设中。

杜威的学习理念与传统的知识传递型教育模式截然不同，后者往往侧重于将客观的文化知识灌输给被动的学习者。他认为，学生应该主动投入并参与到自己的学习过程中，而学习本身是一种涵盖行动与经历循环的"教育性经验"——学生在现实世界中将理念和材料付诸实践，随后体验自己行动所带来的结果，领悟其意义，进而反思过去的经验，并以此激发和指引下一个行动周期。这一理念被简洁地概括为"在做中学"，它与当今许多教育者所熟知的一系列教育实践紧密相关，特别是问题式学习、体验式学习和其他建构主义教育方法，这些方法中，学生不再是被动地接受知识，而是在构建自己知识的过程中扮演着积极角色。

从表面上看，杜威所强调的以兴趣或目标为驱动的学习方式，与将亲身观察视为高效学习手段的理念之间存在着明显的联系。实际上，这种联系几乎是显而易见的：对某物产生观察的冲动本身就是兴趣的表现，而花费时间进行细致的观察则是一种目的性的实践。然而，杜威对于长时间观察的适当目标所持的观点，以及这些目标在多大程度上需要与目的驱动的探索相结合，引发了人们的一些困惑。探讨这一问题颇具价值，因为它揭示了关于观察本质的深层问题。要深入理解这一议题，可以审视杜威对自然学习的认识有何转变。

作为一名于19世纪末开始其职业生涯的教育哲学家，杜威对自然学习运动颇为熟悉，该运动开始于世纪之交，无疑是当时的一项主流教育运动。在其早期职业生涯中，杜威曾热情拥护这一运动。然而，随着时间的推移，他开始对自然学习的教学方式持批判态度。

1894年，35岁的杜威决定离开密歇根大学，转而加入新成立的芝加哥大学。在为搬迁做准备期间，他参访了芝加哥库克县的师范学校。这所学校由著名的进步教育家弗朗西斯·帕克上校（Colonel Francis Parker）领导，自然学习是该校课程的核心。杜威对其印象深刻，以至于他决定在下一个学年为自己的孩子们报名。他在给妻子艾丽斯（Alice）的信中写道："从一年级开始，每间教室都陈列着鸟类和松鼠等动物的标本；有的还配备小型水族箱；此外，所有教室都收藏诸如岩石之类的自然物品。可以说，整个学校的运作都围绕'自然学习'这一理念……"[19]

杜威的教育理念与自然学习的双重目标不谋而合。正如自然学习的倡导者们一样，杜威希望学生能掌握科学观察的技能，以解决现实世界的种种问题，但他主张以一种整合的、全面的方式来实现这一目标，从而使学生能与他们所学的世界建立起深刻的联系和归属感。杜威的哲学思想植根于"经验自然主义"理念，该理念认为包括所有人类活动在内的世间万物，都可以通过自然现象而非超自然实体或理想形式来解释，人类的知识亦是在与自然的互动和体验中发展起来的。如他在后期著作《经验与自然》（*Experience and Nature*）中所述：

> 经验既是属于自然的，也是发生在自然之内的（experience is of as well as in nature）。被经验到的并不是经验而是自然——岩石、树木、动物、疾病、健康、温度、电力等。在一定方式之下相互作用的事物就是经验，它们就是被经验的东西。当它们以另一些方式和另一种自然对象——人的机体——相联系时，事物也就是事物如何被经验到的方式。因此，经验深入到了自然的内部，它具有了深度。它也有宽度而且可大可小。它伸张着，这种伸张的过程就是推论。[20]①

杜威将自然学习视为培育学生"教育性经验"的沃土。因此，在筹划他即将于一年后创办的芝加哥大学实验学校时，他显然深受帕克上校的学校启发。在写给艾丽斯的信中，他后来补充道："我脑海中时常浮现出一所学校的形象；在那里，具体的建构性活动是一切的核心与源泉，所有工作都围绕着两个方向

---

① 约翰·杜威著，傅统先译，马荣校，《经验与自然》，上海：华东师范大学出版社，2019年，第5页。——译者注

展开——一是这种建构性活动的社会意义，二是它与提供材料的自然界的接触。"[21]

到了 1896 年，杜威的学校招收了 32 名学生，并聘请了 2 名全职教师，分别负责历史文学与自然学习。细致观察成为自然学习的核心环节，杜威开始考虑如何将这一环节与孩子们与生俱来的兴趣相结合。在 1897 年对实验学校家长的演讲中，杜威对此表达了高度的关注：

要求孩子们去研究与其生长环境及用途脱节的土壤、空气、水、鸟类、野兽或花卉……脱离了它们在整个生命过程中的作用。这实际上切断了自然事实和力量与人类及其活动之间的紧密联系。孩子们的兴趣因缺失了这种根本性的联系而渐渐消退。[22]

尽管存在这些顾虑，杜威依然清楚地意识到，在高阶思维尤其是科学思维中，细致观察发挥着举足轻重的作用，并认为它是探究过程的一个核心环节。杜威对探究的定义是"通过有控制或有目的的转变，将模糊的情境转化为明确的情境，让其在构成元素的区分和关系上变得清晰，从而将原始情境的组成部分转化为一个统一的整体"。[23]在这一过程中，观察是首要步骤，因为它涉及确定情境的可观察特征，从而确立了"案例的事实"。随后，这些观察点会引发新的想法，如解决方案、理论、假设或可能的行动方针，这些想法在被构思或实现时，又会指向需要进一步观察的新条件，从而催生新的想法，如此循环往复。杜威阐释道："对事实的观察与所提出的意义或想法是在相互对应中产生和发展的。"[24]

对杜威而言，这个由观察和思考循环构成的过程，受到解决问题或达到结论目标的驱动，具有鲜明的目的性。如他在《我们如何思维》（*How We Think*）中所言："科学家绝不使观察积累本身成为目的，而总是将其视作达到普遍理性结论的手段……"他进一步解释道："观察是一个主动的过程。观察是探索，是对先前隐蔽和未知事物的探究，以通过这些发现来达到某个实际或理论目的。"[25]①

杜威对自然学习"孤立且枯燥"的担忧始终未减，到了 1916 年，他严厉批评了与自然学习相关的教学实践：

众所周知，因为自然学习要应对很多相互分离的论题，在学校中便会遭受教材分散的苦处。比如，撕开花作为一种器官而研究花的各个部分；撕开植物而研究花；撕开植物赖以生存的土壤、空气和阳光而研究植物。其结果，必定使这些课题缺乏生气，因为尽管它们要求引起人们的关注，但由于它们相互分离，从而无法培养想象力。[26]②

在杜威看来，要避免教学内容变得"缺乏生气"，关键在于确保学生的观察活动由他们自己的兴趣和目标所驱动。杜威通常将观察置于诸如解决问题和检验假设这样高度目标导向的情境中加以讨论。但我们应当明白，在长时间观察的过程中，目标的作用可以看作为一个范围广泛的连续体。在这个连续体的一端，是以解决关键且重要问题为主要驱动力的情境。例如，杜威本人曾提到的一个场景：在拥挤的房间中响起火警。[27]此时的"问题"是如何安全离开房间，观察的任务是环顾四周以明确情境中空间的固定特征，如走道和出口的位置，以及更易变的特征，如人群的反应。尽管杜威例子中的场景可谓十万火急，但连续体这一端也存在着诸多相对从容的日常情境。例如，你可以细致地观察一堆石头，以决定如何更好地将它们嵌入石墙中，或者可以观察户外鸟食器上鸟儿的活动模式，以区分哪些鸟类会迁徙。虽然这些活动并无逃离火灾现场那样

---

① 约翰·杜威著，马明辉译，《我们如何思维》，上海：华东师范大学出版社，2019 年，第239 页。——译者注
② 约翰·杜威著，俞吾金、孔慧译，《民主与教育》，上海：华东师范大学出版社，2019 年，第 258—259 页，略有改动。——译者注

的紧迫性，但它们显然也是以目标为导向的。

在连续体的另一端，也有众多例证表明，目标在持续观察中的作用更为宽泛和灵活。在这些观察体验中，小目标并非预先设定，而是随着观察经验的展开而逐步显现，成为观察过程的一部分。想象一下，当你在山中徒步时停下脚步，远眺一处被群山环抱的湖泊。你的目光先是被湖水的湛蓝色吸引，然后转向上方的山脉。你发现山坡上似乎有一条小路蜿蜒，便好奇是否有房屋藏匿在山脊之后，并将视线沿着这条小路继续探索。在观察过程中，你注意到山坡上有一块荒芜的地带，一些树苗稀疏散落其中，便怀疑这可能是最近发生的森林火灾现场，于是更细致地观察，希望能发现火灾蔓延的证据。这些小目标，如探寻隐蔽的房屋或追溯火灾的路径，在引导你的视线自由游走时逐渐显现。但若仅将这种体验界定为目的驱动的观察，可能会忽略其独特的韵味。这种渐进的观察方式在科学和艺术领域非常普遍，在第二章中"开放式清单"部分也有所提及。我们探讨了科学家们利用田野考察笔记的技巧来广泛收集观察数据，即使这些数据目前看似与驱动性研究问题或目标无关；我们还讨论了诗人和艺术家们的观察策略，他们的目标是尽可能多地观察和捕捉细节，做到"仰观俯察，洞悉无遗"；我们还关注了博物馆中学生的体验，他们的观察遵循着一种自由的路径，并基于同伴的观察结果而逐步形成。

从教育的角度出发，在连续体的任何一端培养学生的观察技巧都有其风险。在高度目标驱动的一端，风险与显著性偏差有关：当学生被严格训练去寻找某些特定特征时，他们更容易忽视注意力焦点之外的重要特征。而在连续体的另一端，则存在着杜威所批评的风险——机械式地列举可观察特征，而这与学生的兴趣和本能相背离。尽管杜威对"孤立而枯燥"的观察方法表示担忧，但问题的根源并不仅仅在于缺乏驱动目标，而在于一种刻板的教学方式，它没有为学生自然形成的目标留出空间，进而限制了他们的观察过程。

解决这个问题的答案不太可能在宏观的理论层面找到，而更可能存在于教学设计的精细调整和教学艺术的实际应用中。回顾前文对比的两个关于鸡的自然学习课程。这两个课程都基于相同的教育方法——自然学习，聚焦于同一主题——鸡，并通过提问引导学生观察。然而，第一个课程激发学生自行探索鸡的特性，并遵循他们自然的观察途径，而第二个课程则似乎更多地要求学生重复已有的知识，并尝试猜测教师所预设的答案。

本章开篇提出，学校的存在基于这样一种理念，即遵循有组织的教学模式对有效学习至关重要。本章中论及的所有思想家——夸美纽斯、卢梭、裴斯泰洛齐、福禄培尔、阿加西斯和杜威，都一致认为组织学校教育应旨在激发并扩展学生亲身观察事物的内在兴趣。这一理念在他们各自的哲学中虽有不同程度的体现，但整体上却是贯穿始终的。然而在实际应用中，理论与实践的结合往往充满挑战。正如杜威对自然学习的批评所示，即使出发点良好的教学设计也可能走向僵化的灌输式说教，从而压抑而非释放了学生对事物进行探索的天性。我们将在本书最后一章中重新审视该问题，并探讨其应对之道。但在此之前，接下来的两章将首先探讨"慢观察"与科学观察历史的联系，以及"慢观察"在认知层面带来的多元收获——"慢观察"帮助我们习得的各类知识。

注释 ————————————————————————————————

1 Comenius, J. A. (1887). *The Orbis Pictus of John Amos Comenius*. Syracuse: C. W. Bardeen.

2 Rousseau, J-J. (1979). *Emile: Or On Education*. (Bloom, A., Trans.) New York: Basic Books. (Original work published 1762), p. 100.

3 转引自 Armytage, W. H. G. (1952). Friedrich Froebel: A centennial

appreciation. *History of Education Journal*，*3*（4），107－113；检索自 http://www.jstor.org/stable/3659205。

4 Anonymous. (1874). The Anderson school of natural history. *Nature*，11，167－168. 检索自 http://digicoll.library.wisc.edu/。

5 尽管如今的比较动物学博物馆是进化学研究的重镇，作为与达尔文生活在同一时代的学者，阿加西斯在进化论的历史上并未站在正确的立场。他坚信上帝在每个物种当前的生存地创造了它们，并主张物种不随时间变化；相反，它们会因洪水和冰川等大型灾难而周期性灭绝。1860 年，阿加西斯在《美国科学杂志》（*American Journal of Science*）上发表了对《物种起源》（*Origin of Species*）的评论，批评达尔文的理论违背事实，是科学上的误判。在其职业生涯余下的时间里，他始终反对达尔文的理论。

6 Scudder, S. H.（1974）. In the laboratory with Agassiz. *Every Saturday*，*16*，369－370.

7 James，W.（1911）. *Memories and Studies*. New York：Longmans, Green，and Co.

8 引自 Jordan，D. S.（1896）. Agassiz at Penikese. *Science Sketches*. Chicago，IL：A. C. McClung & Co.，p. 134。

9 Agassiz, L. (1895). *Natural Science News*，*Vol. 1*. Albion，NY：Frank H. Lattin，p. 186.

10 Armitage，K. C.（2009）. The Nature Study Movement：The Forgotten Populizer of America's Conservationist Ethic. Lawrence，KS：University Press of Kansas，p. 4.

11 同上，p. 3。

12 Bailey，L. H. (1905). *The Nature Study Idea*. New York：Doubleday，Page & Company，p. 4.

13 同上，p. 4。

14 同上，p. 139。

15 Comstock，A. B. （1986）. Handbook of nature-study. Ithaca，NY：Comstock Publishing Co. (Original work published 1911)，p. 1.

16 同上，p. 6。

17 同上，pp. 30 - 31。

18 McMurry，L. B.，（1913）. *The MacMillan Company*，New York，pp. 69 - 70.

19 转引自 Hein，G. E. (2012). *Progressive Museum Practice: John Dewey and Democracy*. New York/London：Routledge，p. 23。

20 同上，pp. 12 - 13。

21 同上，p. 24。

22 转引自 Mayhew，K. C.，& Edwards，A. C. (1965). *The Dewey School*. New York：Atherton Press. (Original work published 1936)。

23 Dewey，J. (1986). The pattern of inquiry. In *Logic: Theory of Inquiry*. The Later Works，Vol. 12. Carbondale，IL：Southern Illinois University Press. (Original work published 1938). p. 104.

24 同上，p. 113。

25 同上，p. 113。

26 Dewey，J. （1916）. Democracy and Education：An Introduction to the Philosophy of Education. New York：Macmillan.

27 Dewey，J. (1986). The Pattern of Inquiry.

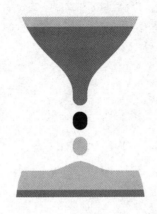

慢观察：观察学习的艺术与实践

第七章

科学与观察

1551 年，医学家卢西亚努斯·阿马托斯（Lusitanus Amatus）出版了他的首部医学病例集《百例病史》（第一卷）（*Centuria I*），该书是其七卷作品的开篇之作，收录了"100 个富有教育意义的典型病例"。[1]阿马托斯出生于葡萄牙，并在西班牙接受医学教育。他是马拉诺人的后裔，这些伊比利亚半岛的犹太人虽被迫改宗基督教，但依然秘密信奉犹太教。由于担心受到宗教裁判所的迫害，他无法在伊比利亚半岛继续从事医疗工作，最终选择移居至宗教氛围更为包容的意大利。在意大利，阿马托斯的事业如鱼得水，他不仅在医学界享有盛名，还是一名杰出的教师和学者。他的病患众多，其中不乏意大利贵族乃至教皇，而其结合精湛解剖技艺的学术讲座更是让他声名显赫。有传言称，他曾在一次讲座中解剖了 12 具尸体。阿马托斯因成功揭示静脉中瓣膜的存在而广受赞誉，最终人们也由此发现了血液循环系统。

阿马托斯不仅是一位学者，更是一位创新者。在出版《百例病史》时，他采用了在当时颇具创新性的排版方式：使用不同的字体风格，这令读者能够直观地区分两种不同类型的科学报告。在标注为"治疗方法"（*Curatio*）的部分，他运用标准罗马字体，详细记录了对各个医疗病例特征的观察结果；其后，在以斜体字呈现的"学术评论"（*Scholia*）部分，他则对这些病例进行学术分析和评论。换言之，阿马托斯通过版式设计巧妙地划分了病例观察与理论分析。而他对这两方面的一视同仁，彰显了观察在早期现代科学中地位的显著提升。

从当代视角来看，观察活动无疑是科学研究的核心组成部分，堪称科学之本质。现代科学知识源于精确、系统的观察，这些观察往往与实验相结合，以形成对自然世界的可验性理解。然而，在 16 世纪之前的欧洲，人们认为对自然世界的科学理解应基于基本原理和普遍规律，而非直接观察。对于农民和水手等而言，虽然通过观察得来的知识在日常决策中具有实际价值，但这通常被视为民间智慧，而非科学知识。例如，观察天气事件虽能帮助水手预测何时出海，但这种观察并未揭示天气的基本原理，即那些决定天气模式的普遍规律，以及可以从这些规律中推导出的更深层次的基本原理。而要揭示这些基本原理，就需要学者进行深入的分析，而非仅仅依赖于直接观察。

这并不是说在文艺复兴之前，人们未曾进行过或未依赖于经验性观察。事实上，他们的确这么做过。然而，历史学家凯瑟琳·帕克（Katherine Park）在其论文《位于边缘的观察：500—1 500》（*Observation in the Margins*，500—1 500）中指出，这些观察结果在学术文献中通常只占据边缘地位。她解释道，在中古世纪的文献中，关于自然世界的经验性观察通常以匿名的方式记录在文本的边缘，内容通常与导航和农业等实际问题相关。此外，直接的感知与真正的科学知识关联甚微，甚至"观察"（observation）一词本身也没有统一而明确的定义。以 1 世纪学者普利尼（Pliny）在中世纪影响甚广的百科全书式的《自然史》（*Natural History*）为例，帕克指出，普利尼使用"观察"（*observationes*）一词，"既指代追踪事物相关性的过程，也指由此得出的实用规律，如他'观察'到：食用奇数个煮熟或烤制的蜗牛特别有利于治疗胃病"。[2] 可见，在前现代科学中，"观察"一词既可以用来描述对某物的经验性感知，也可指涉与之相关的实践规律或操作方法。

阿马托斯通过创新的排版方式，将案例研究的观察结果与推测性评论进行了明确区分，此举对于明确"观察"的概念具有重要意义。学者贾纳·波马塔（Gianna Pomata）将此种做法描述为一种新兴的、专注于科学观察的知识写作体裁。自 16 世纪中叶在欧洲出现以来，这种写作方式迅速得到了多学科领域学者的广泛认可。波马塔解释道："在天文学、占星术、语言学、词典学，乃至法学、医学和旅行写作等诸多领域，学者们都创作了这种新型的文本。他们特意且自信地选择'观察录'（*observationes*）这一新颖的标题来为其命名。"[3]

这一全新体裁将我们现今所熟知的"观察"概念置于核心地位。科学史学家洛兰·达斯顿（Lorraine Daston）对此进一步阐释道：

> "观察录"这一新兴知识写作体裁的特征，首先体现在对单一事件的深入探究，这些事件均由具名的作者亲眼见证（*autopsia*），从而与西塞罗（Cicero）和普利尼描述的数世纪积累的匿名信息形成了鲜明对比；其次，它有意区分了观察与推测，与中世纪经院哲学将观察和诸如占星术等推测性科学结合的做法截然不同；最后，"观察录"建立了多个跨时空的观察者虚拟社群，他们通过书信和出版物进行交流，并共享其观察成果……[4]

16 世纪下半叶，观察活动在科学领域内的地位发生了翻天覆地的变化，从边缘地带迅速崛起至核心位置，并成为备受推崇的科学活动形式。这一转变既迅速又充满戏剧性。我们不妨从阿马托斯出版《百例病史》第一卷的日期开始，回溯 50 年，来深刻体会这种转变所带来的影响。

《搁浅在贝弗韦克附近的鲸鱼》（*Stranded Whale Near Beverick*）是由雕刻师让·赛纳雷丹（Jan Saenredam）于 1602 年创作的版画，描绘了一头搁浅在北海海滩的鲸鱼，以及围绕它进行各类观察活动的人群。这幅版画生动展示了社会各界人士齐聚一堂，共赏这一罕见的景象。画面中，许多人或站在鲸鱼身上，或在其周围忙碌地进行着各种测量工作，而其他人则通过触摸鲸鱼来探明其质地。画面左下角，一位艺术家与其助手正聚精会神地绘制着鲸鱼；鲸鱼正前方站立着一位头戴羽毛帽、身着华丽服饰的贵族，他很可能是位公爵，也很可能是这幅作品的委托人，而他捂鼻的姿势似乎在暗示，鲸鱼的刺鼻异味正冲击着他高贵的感官；在鲸鱼后方，众多镇民络绎不绝地涌向这具庞大的尸体，队伍一眼望不到头，人们希望能亲眼看到这一奇观，甚至可能还想亲自触摸或嗅闻。从"慢观察"的角度来看，这俨然就是一场盛会，社会各界人士齐聚于此，共同践行刻意观察。[5] 到了 1602 年，观察已不再是科学研究的边缘活动，而成为获取知识的重要途径。卢西亚努斯·阿马托斯若知晓这一切，必将感到由衷的欣慰。

在阿马托斯出版《百例病史》后的几个世纪里，科学观察活动得到了广泛扩展，但同时也面临着各种挑战。随着先进仪器的不断涌现，参与观察的人群正逐步扩大，覆盖了更广泛的时间、空间和社会层面。与此同时，关于如何实现准确观察的理念也在不断更迭。尽管历经种种变迁，科学观察活动的部分核心特质仍保持相对稳定，且与洛兰·达斯顿对 16 世纪知识写作体裁"观察录"的描述大体一致。首先，观察数据并非匿名。个人、团队或社区的观察者与自己的观察结果紧密关联，这使得观察方法可受到严格审查。因此，从理论的角度来看，其他观察者在类似条件下可以重复这些观察数据。其次，观察与理论相分离。这意味着，对某物"本质"的关注和描述与解析或阐释其含义，是两种不同的认知行为。最后，与科学界同仁交流和共享观察成果。这使得他人可以查看这些观察记录，并在此基础上进行补充、扩展或学习。其中隐含的观点是，观察报告应以某种特定的方式呈现，以确保它们在科学社群中成为可信赖的参考工具。可以设想，正是基于这种考虑，阿马托斯在出版案例研究观察时，才有意将其观察结果与学术推理进行了明确区分。

　　然而，并非所有观察记录都旨在满足公共需求。正如前文所述，科学家们早期的田野笔记通常采取非正式的形式，其中融合了观察、提问和推理。然而，在科学探究的某个阶段，科学家们会编撰那些旨在为同行提供资源的观察记录。这些记录形式各异，包括阿马托斯《百例病史》中"治疗方法"部分的文字描述；以及观察搁浅鲸鱼的艺术家们绘制的图画或图表；还有图例集、地图、天文模型、解剖图、植物版画和田野指南等。这些精心制作的观察记录，旨在准确描述或展示可观察世界的某一部分，以供他人研究。

　　这些记录主要在教育领域发挥着举足轻重的作用，他们不仅为科学家提供了重要参考，也是普通民众获取知识的宝贵资源。它们通过突出重要的观察细节，帮助初学者锻炼观察能力，同时也为专家提供了校正和更新观察方法的机会。无论是图表、图片、地图还是田野指南，学习如何有效使用这些记录已成为许多科学学科培训的重要内容。此外，这些记录往往自带客观性和权威性的"光环"，例如蝴蝶田野观察指南、消化系统解剖图，或是展现月相变化的合成照片。

　　同人类创作的其他作品一样，科学观察记录不仅展示了其主题内容，还反映了作者的思想和时代的印记。从"慢观察"的视角探究这些线索可谓是别有一番风味。因为，与所有类型的"慢观察"类似，细致的科学观察不仅展现了实际的观察过程，还反映了关于如何进行观察和记录的深层理念与准则，而它们本身就有着悠久的历史。在接下来的部分，我们将更深入地探讨影响科学观察制作和记录的思想史。在你继续阅读之前，不妨花点时间思考一下自己对这个议题的看法。我建议你暂停片刻，仔细思考以下两个问题：

　　1. 在进行科学观察时，你认为科学家应该遵循哪些标准和价值观呢？也就是说，在他们的观察活动中，应该展现出哪些心理品质？

2. 相应地，当科学家在制作用于传达其观察成果的记录时，如地图、图表、版画以及向更广泛的科学界提供的文字描述，你认为他们应遵循哪些标准和价值观呢？

如果你深入思考了第一个问题，可能会得出如下结论：科学观察时应具备的关键心理品质包括不偏不倚、追求高精确度、谨慎细致以及公正无私。至于第二个问题，你可能认为制作观察记录的核心标准应该是做到清晰明了、准确无误，并忠实地反映现实，即它们应还原事物的"真实面目"。无论你是对上述的哪一个问题有所思考，"客观性"这一词汇都可能已在你的脑海中悄然浮现。这其实并不意外。在 21 世纪的我们看来，科学观察应力求客观性的理念已深入人心。尽管我们对绝对客观性的存在持怀疑态度，但出于本能，我们仍将其视为一个值得追求的目标。更具体地说，我们或许认识到，科学观察不可避免地会受到某种特定视角的影响，正如哲学家托马斯·内格尔（Thomas Nagel）所指出的，真正的"绝对客观的视角"其实并不存在。即便如此，客观性作为一种理想追求，对我们仍有着强大的吸引力。然而，随着时间的推移，观察及其记录的方式也在不断演变。以客观性为导向的范式，不过是这一长篇史话中的一段精彩篇章。

历史上的观察范式

科学史学家洛兰·达斯顿和彼得·加利森（Peter Galison）在其开创性著作《客观性》（*Objectivity*）[6] 中，追溯了三种观察范式的发展历程，他们将这些范式统称为"眼睛的认知论"。每种范式都针对前文提出的两个问题提供了独到的见解。第一种观察范式，他们称之为"本真再现"（truth-to-nature），其核心观点认为，科学观察结果的视觉呈现包括图谱、版画、绘图和地图，均应忠实地再现被观察现象或对象的本质和典型特征。19世纪以前的植物版画和动物标本制作便是此种范式的经典例证。这些作品理想化地描绘了各类物种和样本的完美形态，凸显其典型特征，如造型精美的树叶和花朵，或动物的标志性姿势。即便将样本置于自然环境的背景中，如奥杜邦（Audubon）所描绘的鸟类及其自然栖息地——画面中仍然重点表现了那些作者眼中最具代表性的特征。这样一来，便会引导观察者在"慢观察"的过程中，去缓慢且细致地寻找这些规律和基本特征。

达斯顿和加利森探讨的第二种范式，即"机械客观性"（mechanical objectivity），起源于19世纪中叶。这一范式强调对自然瞬间真实面貌的"客观"记录，接纳自然所有不完美之处。在制作这类机械图像的过程中，摄影发挥了重要作用，但也可以采用其他方式加以实现。此种范式的核心在于遵循一套严格的观察记录流程，以尽可能排除人为因素的干扰。在著作的开篇，达斯顿与加利森通过英国物理学家亚瑟·沃辛顿（Arthur Worthington）的故事，生动地诠释了他作为一位科学家从"本真再现"到"机械客观性"的思维转变。

沃辛顿的研究主要聚焦于流体动力学领域，他对飞溅现象的物理特性抱有浓厚兴趣。他设计了一系列实验，以求精准捕捉水银或牛奶滴落到硬表面时四处飞溅的过程。他制定了详尽的实验流程，通过运用毫秒级闪光照亮液滴，使其能够亲眼看见并尽可能真实地绘制出飞溅的瞬间。尽管如此，他的草图中依旧能看到飞溅液体中微妙的不对称性。沃辛顿意识到，受随机因素和自身视觉观察能力的限制，一定程度的不规则性是难以避免的。但他依然坚信，其中必然存在某种规律，并在研究图纸中挑选出能够展现飞溅液体深层对称性的理想图例。

随后，在1894年，沃辛顿想到一个创新的方法，即使用摄影技术来捕捉飞溅的瞬间影像，而非单纯依赖于自身的视觉记忆。这些照片不仅验证了他绘制的众多图纸中的细节，还揭示了诸多超出他预期的不规则现象。随着时间的流逝，越来越多的照片展现出飞溅的不对称性，沃辛顿终有所悟：不对称性实为常态，而非例外。

在科学出版物中，沃辛顿曾倾向于选用对称性的图例，却在不知不觉中掩盖了"变异无处不在"这一真相。他将这一认识归功于机械设备的使用，即照相机，使其能够避免按照预设期望进行观察而产生的偏见。正如达斯顿和加里森所言：

只有在那些照片的印证下，他才逐渐明白，不对称和瑕疵并非是对某种清晰、完美的标准图像的偏离——实际上，这是一贯的不规则性的展现。对他来说，继续重复所谓的"自动飞溅"，已失去了意义。那些特定飞溅现象中的理想化对称，并非真实存在。因此，他从追寻"本真再现"转而迈向了客观性的探求。[7]

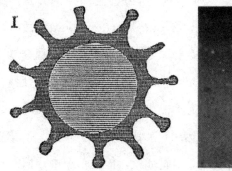

图 7.1　阿瑟·梅森·沃辛顿，液体飞溅研究，1876 年（左）/1908 年（右），公共版权

沃辛顿深受其所处时代的影响。19 世纪末，"机械客观性"的理念在各个科学领域已深入人心。达斯顿与加利森进一步指出，摄影技术的出现并非引发这

一变革的唯一原因。例如，自摄影技术问世以来，对照片进行润饰的现象便已存在。因此，并非所有摄影作品一开始就体现了"客观性"。此外，追踪描摹或精心指导下的手工绘图等技巧，也能在一定程度上复制机械制图的自动化特性。因此，摄影并非科学家们可选择的唯一机械化手段。然而，在追求客观性方面，照片以及其他机械制成的观察记录能够实现这样的目标："避开心理层面试图对自然进行理论化、拟人化、美化或解释的诱惑。机器能够轻易完成的事情，人类观察者只能依靠强大的自制力才能做到……"[8]

20世纪，"机械客观性"作为科学观察的理想范式占据了主导地位，但其局限性也日益凸显。到了20世纪20年代，一种新型的观察活动范式开始崭露头角。达斯顿和加利森将这一范式称为"专业判断"（trained judgment），它并非旨在取代"机械客观性"，而是对其进行了重要的补充和强化。尽管机器能够生成极其精确的观察记录，但它们缺乏分类、归类或识别模式的能力——虽然这一点正在不断改进。[9]在诸如阅读X光片、分类恒星光谱或解析脑电图中的大脑活动模式等活动中，都离不开专业判断，以"整合、突出和理解那些无法简化为机械步骤的复杂关系。"[10]

这并不意味着，机械制造的记录完全被弃用了。事实远非如此。解读机械制造的记录，应当超越机械化的过程。与此同时，随着"机械客观性"的局限性逐渐显露，心理学界也开始涌现出关于无意识心智能力的新观念。西格蒙德·弗洛伊德（Sigmund Freud）认为，无意识是一个巨大的容器，冲动和欲望于其中不断翻腾、涌动。心理学家们在此理论基础上，进一步研究发现，无意识心智的活动不仅是原始的冲动之源，更是创造力与洞察力的源泉。它也是一个孕育思想的场所，在这里，大量信息和经验在无意识中得到整理和加工，并最终以直觉、洞察力和隐性知识的形式显现在意识之中。这种对无意识能力的全新认识，为科学家的观察能力赋予了新的维度。在"机械客观性"范式下，追求"科学视角"的科学家们必须抑制主观自我。而如今，科学家及相关专业技术人员的观察能力得到了提升，而这种提升正源于无意识心智的主观活动。凭借多年的经验和训练，他们能够洞察数据，利用潜意识的识别力辨识出各种模式，对数据进行有效分组和归类，从而区分正常与异常的数据差异。

有一种观点认为，科学家的直觉判断能力能够且应该强化机器生成的观察成果，该观点一直延续至计算机时代。对此，达斯顿和加利森引用了诺贝尔奖得主、物理学家路易斯·阿尔瓦雷斯（Luis Alvarez）的故事。阿尔瓦雷斯的粒子物理研究需要在液态氢气泡室内拍摄数百万次的粒子相互作用，因此配套开发了复杂的计算机系统以辅助图像分析，并在加州大学伯克利分校的辐射实验室里配备了世界顶尖的仪器设备。然而，他坚持认为实验室中的所有工作人员都应该"将计算机辅助的量化分析与专业判断相结合，以此解析科学图像"。[11]阿尔瓦雷斯在 1966 年曾表示："我对数字计算机的多样模式识别能力持怀疑态度，相比之下，我更相信人类天生的非凡观察力。我坚信我们应该充分利用这些能力，因为它们比计算机能够实现的任何功能都要优秀。"[12]

观察范式的影响

达斯顿和加利森特别指出，观察范式随时间的演变呈现出特定的历史脉络。通常情况下，新范式的全面兴起是对既有范式的回应与改良。例如，"机械客观性"的兴起是对"本真再现"范式局限性的一种反思；而"专业判断"的出现，则是对"机械客观性"局限性的补充与修正。然而，科学思维的影响并不局限于严格意义上的科学领域，它们还深刻影响着我们日常生活中的观察方式。新范式的出现并不意味着旧范式就此消逝。这三种范式，均捕捉到了我们日常体验中熟悉的观察心态。

　　试想一下，怀着"本真再现"的心态，你拍下了一张绝美的风景照，希望与他人分享。那可能是一处迷人的城市景观，或是远处的山景。你或许会尝试从不同的角度拍摄多张照片，每次略微调整，以期捕捉到风景的精髓。在选择分享哪一张照片时，你往往会挑选出自认为最能表达其精髓的一张，哪怕有时自己也不清楚选择的标准究竟是什么。

　　关于"机械客观性"，我们可以回顾之前有关"描述"章节中提到的轮廓盲画练习作为例证。这项练习要求参与者手不离、眼不观地在纸上绘制出物体的轮廓。也就是，让手根据眼睛观察到的细节来描绘物体轮廓，而不是去核实画面是否与自己的预期相符，从而减少观察过程中主观判断和先入为主的影响。这项活动背后体现的正是"机械客观性"的观察心态——手和眼如同机器般协调运作，将主观自我从观察过程中分离出去。

　　接下来，我们再看一个"专业判断"的例子。设想一位资深的自然向导，正领着一群游客在荒野中行走。她对周遭环境中的各种细节极为敏感——树冠中的微弱声响、落叶的细微颤动、温度的轻微变化，以及空气中弥漫的淡淡香气。当游客们提出疑问时，她能够基于这些多感官的信息来分析哪些特征值得关注。但她本人更多是凭借直觉行事，而这种直觉源于多年来积累的专业经验。

　　尽管前文所述的三种场景并非正式的科学活动，且缺乏一定的专业性和结构性，但它们却展现了塑造科学观察范式的实践和理念如何同时影响着非正式的观察实践。在科学领域，"慢观察"的实践扎实且深入，而科学观察的历史进一步丰富了我们对"慢观察"的理解。毕竟，科学是其发挥重要作用的主要领域之一。

　　虽然科学观察与"慢观察"不尽相同，但它们在一些重要方面确有共通之处。根本上，二者均遵循了一个核心的认识论原则，即细致的观察是理解世界的重要途径。此外，科学观察通常（但并非总是）被视为"慢观察"的一种形式，因为细致和准确的观察往往需要时间。进一步来说，本书所定义的"慢观察"涉及超越第一印象，而这也通常是长期科学观察所追求的目标。但"慢观察"的概念更为宽泛，它不限于科学，而是贯穿于所有领域和学科。值得注意的是，缓慢观察或超越第一印象并非科学观察的硬性要求，科学家们有时会通过直接的感官印象或仪器进行快速观察。在科学领域，并非所有情况下都需要超越第一印象，只要科学家们的初步观察能够建立在精准且细致的方法之上即可。

科学与"慢观察"之间的另一共通之处在于，科学观察体现了一种从自我沉浸状态中抽离的认知倾向，这与"慢观察"的理念不谋而合。在科学领域，人们对这种倾向有着相对严格的要求——科学观察者通常追求客观、无偏见、不受个人利益影响的观察结果，在报告结果时注重准确性、清晰度和一致性。然而，正如本章所述，即使在这种严苛的框架内，也存在着差异性的空间。总而言之，"本真再现"追寻本质和规律；"机械客观性"关注独特性和变化；而"专业判断"则有赖于专家的直觉去识别模式和显著特征。

1551 年，卢西亚努斯·阿马托斯决定采用不同字体来区别其医学案例研究中的学术推理与观察结果。这一创新之举，象征着我们对通过观察来学习的认知在文化层面上的重大转变。作为医生及学者，阿马托斯编撰的《百例病史》主要面向学术界读者。但正如让·赛纳雷丹所绘制那张搁浅鲸鱼的版画所揭示的，观察活动吸引了来自不同领域的人群，而非仅仅局限于学术界。画中的部分人物似乎在从事具有某种科学目的的活动，如进行测量工作的人群或创作科学插图的艺术家，他们遵守着特定时间和任务的观察规程，且显然学有所得。然而，诸多的观察者则似乎更加沉浸于"慢观察"的愉悦中，他们悠闲地驻足观察，享受着探究的乐趣。他们也在学习吗？如果是，他们可能会收获哪些洞见或理解？下一章我们将深入探讨这些问题。

注释

1 该标题英文引自路易·佩尔纳（Louis Pelner）的文章：Louis Pelner, Amatus Lusitanus（1511－1568）a prophetic physician of the 15th century, April 28, 1969, in *JAMA*, 208（4）。

2 Park, K.（2011）. Observation in the margins, 500－1500. In Daston, L. & Lunbeck, E.（Eds.）, *Histories of Scientific Observation*（15－44）. Chicago：The University of Chicago Press.

3 Pomata, G.（2011）. Observation rising：birth of an epistemic genre. In Daston, L. & Lunbeck, E.（Eds.）, *Histories of Scientific Observation*（45－80）. Chicago：The University of Chicago Press.

4 Daston, L.（2011）. The Empire of observation. In Daston, L. & Lunbeck, E.（Eds.）, *Histories of Scientific Observation*（81－113）. Chicago：The University of Chicago Press. p. 81.

5 有关赛纳雷丹的版画及其历史意义的完整内容，请参阅梅利萨·洛在 2011 年撰写的关于苏珊·达克曼（Susan Dackerman）研究的文章：*Prints and the Pursuit of Knowledge in Early Modern Europe*, Harvard Art Museums/Yale University Press，p. 48。

6 Daston, L. & Galison, P.（2010）. *Objectivity*. New York：Zone Books.

7 同上，p. 156。

8 同上，p. 139。

9 达斯顿和加利森的著作出版于 2007 年。在此后的十年间，人工智能领域取得了巨大进步，尤其在开发模仿人类直觉的程序这一方面。科学家们预测，不久的将来，人工智能系统将能够通过一种称为"机器学习"（machine learning）的过程掌握知识，并从数据中提取出模式。机器有可能正朝着发展出一定程度的主观性迈进，并能够解决人类的诸多问题。请参阅 Good fellow, I., Bengio, Y., & Courville, A. (2016). *Deep Learning*. Cambridge：The MIT Press。

10 同上，p. 314。

11 同上，p. 330。

12 同上，p. 330。

慢观察：观察学习的艺术与实践

第八章

"慢观察"与复杂性

所有教育理念都通过展示其成果，即生成的知识类型，来证明自身的价值。这种自证通常基于"手段-目的"逻辑，即通过特定的学习方式掌握特定的内容，从而获得特定类型的知识或理解。就"慢观察"而言，若将其视为一种教育实践，就必须明确其独特的知识产出，以证明其有效性。换言之，不论学生是花时间仔细观察海贝、画作、繁忙的街角，还是自己的手背，他们都应获得某种清晰可见的理解深度。

正如前几章所言，这种能力的确源自"慢观察"。当人们投入时间慢慢地、仔细地观察时，他们会从多个方面辨识出事物的复杂性。这并非一种激进的想法，在我们研究"慢观察"与学校教育的章节中提及的几位教育理论家，很可能也会对此表示赞同。例如，弗里德里希·福禄培尔认为，通过对原始形态，如立方体、球体、圆柱体的感官探索，孩子们会发现物理世界具有复杂的架构。倡导自然研究者认为，通过仔细观察自然世界，学生们将能够深刻理解自然系统的错综复杂性，进而意识到自己在这个生态网络中扮演的独特角色。

从教育的角度来看，将辨别复杂性作为"慢观察"的一种成效，有几种不同的用途。其一，可将其作为指南，设计出鼓励"慢观察"的教育体验，即在设计上应鼓励学生发现和探索复杂性。其二，它可以帮助教育工作者明确在评估"慢观察"成果时应关注什么，即寻找学生辨别出复杂性的迹象。这个观点既解答了一些问题，同时也引发了许多新的疑问。例如，复杂性呈现出多种形态。以人体为例，人体的复杂性，首先在于其由无数身体部位和系统构成。同时，它还因为与之相关的多元化思想和文化习俗而显得复杂。细致地观察人体能帮助我们理解其部分复杂性，但不足以洞悉其全部。由此就产生了以下问题："慢观察"特别擅长辨别哪种类型的复杂性？另一个问题涉及复杂性与知识之间的关系：辨别复杂性是否真是一门学问？如果是，其成因是什么？此外，即便它算得上是一门学问，又有何价值呢？并非所有学问都值得花时间去学习，而"慢观察"必然需要花费时间。对于学校的教育工作者而言，如何在时间和价值之间取得平衡显得尤为关键。他们需要不断做出决策，合理分配教学时间，从而确定哪些知识对学生来说具有真正的价值。

三种复杂性

上述人体的例子表明，事物的复杂性可以有多种表现形式。某些类型的复杂性并不是通过直观观察就能轻易识别的，比如故事的叙述复杂性，或是诸如"正义""自由"这些大观念的复杂性。我们也许能观察到把杯子从桌子上打落的线性因果关系，但却无法观察到产生升力的机翼表面的压强差。

通过"慢观察"，我们可以发现三种类型的复杂性。首先是部分之间相互作用的复杂性，这与事物物理结构的复杂性或多种特性，以及这些特性如何相互作用有关。其次是视角的复杂性，它涉及从不同的物理和概念视角看待事物。最后是参与的复杂性，涉及感知者与被感知对象之间的交互。

这三种复杂性可以单独探讨，稍后我们将对每一种类型进行深入分析。然而，从日常的观察来看，这三种复杂性往往相互交织。在作家和艺术家的描述性作品中，这种交织性表现得淋漓尽致。例如，以下是弗吉尼亚·伍尔夫（Virginia Woolf）短篇小说《墙上的斑点》（*The Mark on the Wall*）中的三个选段，小说采用第一人称叙述。[1]在这篇小说中，一位无名的叙述者描述了自己坐在扶手椅观察客厅墙上一个斑点时思绪的流转。小说开篇就是一段描述："斑点是一个小而圆的印记，在白墙的衬托下尤显乌黑，位于壁炉上方大约六七英寸的地方。"

即使从这个简单的描述性句子中，我们也能看出叙述者不仅仅是匆匆一瞥，而是辨别出了斑点的具体特征（小、圆、黑），以及它与大背景特征的关系——那是白墙上的一个黑点，以及它在壁炉上方的确切位置。通过详细描述斑点的物理特征和位置，而非仅将其归纳为一个标记然后转换思路，叙述者开始领悟到其中蕴含的复杂性。

随着故事的展开，在对斑点的特征稍加思索后，伍尔夫对这一早期观察阶段进行了思考。她评论道："我们的思绪是多么容易聚焦于一个新事物，就像蚂蚁那样狂热地搬运稻草，稍作举起又将其放下……"这番思索使她陷入了更深层次的沉思，一时之间，她的注意力从斑点上转移。最终，她的注意力又回归斑点，但关注的角度已发生了变化：

如果我此刻起身去确认墙上那个斑点究竟是什么。怎么说呢？——一枚两百年前钉入的巨大旧钉子头，经过无数代女仆的不懈擦拭，终于在油漆层上露出头来，它在这间白墙环绕、炉火明亮的房间里初次看见现代生活场景。而这么做我能得到什么？知识，还是更多引人深思的内容？

在这里，叙述者玩起了视角复杂性的游戏。她首先从历史的角度出发，将斑点视为"一枚两百年前钉入的巨大旧钉子头"。然后，她又从斑点的视角出发，想象斑点是历史的观察者，甚至可能是正在观察她的"初次看见现代生活场景"的目击者。

最后，在对大主教和大法官的遐想达到高潮之后，叙述者将目光完全投向了斑点，投到了当时当下，并思考自己与斑点之间的关系：

> 的确，当我目不转睛地凝视着它时，我感觉自己仿佛在汪洋大海中紧紧抓住了一块救命的木板。我感受到了一种满足的现实感，它瞬间使得那两位大主教和尊贵的大法官都变得若隐若现，如同幽灵一般。这里才是真切而确实的存在。

叙述者感觉自己抓住了"真切而确实的存在"，这源自她对墙上斑点的细致观察，而非一瞥而过。在观察过程中，她自然而然地触及了每种复杂性，包括部分之间相互作用的复杂性、视角的复杂性以及参与的复杂性。虽然对于每种复杂性她只是寥寥几笔带过，却已足以将它们清晰展现。接下来，让我们更加深入地开展探究。

部分之间相互作用的复杂性

当我们一开始思考复杂性时，脑海中往往最先浮现的是部分之间相互作用的复杂性。例如，汽车发动机、怀表机芯、繁忙的餐厅、池塘生态系统，这些事物都包含多个组成部分，并非一瞥即可全盘了解。更重要的是，这些部分相互协作，形成了可辨识的系统。汽车的发动机部件共同驱动汽车；时钟的机芯部件协同显示精确时间；厨师和服务员合作烧菜上菜；池塘区域的动植物相互作用形成生态系统。了解事物的各个组成部分及其如何协同工作是一种重要的理解能力。我们通过学习事物的运作原理获得这种理解，它是科学知识的基石，而我们每天都在运用这些知识来探索世界。"慢观察"在此的作用不言而喻，因为即使是最简单的物体和系统，在初次目光所及之外，往往还有更多细节值得我们深入观察。

观察部分之间相互作用的复杂性需要时间，而应对这一挑战的观察策略就是编制清单。正如我们在第二章所讨论的，这个策略涉及花费大量时间详尽列出某物所有可观察的部分。在列举的过程中，各部分间的许多相互作用也变得显而易见。下面举一个简单的例子。

图 8.1
沙里·蒂什曼摄

我面前的办公桌上放着一个老式的办公级订书机。不知从何时起，它就属于我了。我给自己布置了一项任务，仔细观察它几分钟，并列出我看到的所有特征。首先映入眼帘的是一个金属底座和金属臂；出钉口的正上方有一块不锈钢铰链板；底座上有一个带塑料嵌件的斜边；底座和臂部旁有几颗螺丝；臂部上方覆盖着磨损的黑色塑料，下方金属上印有"BOSTICH"字样；剥落的黑色油漆下露出棕色金属。当我观察这些部分时，我注意到它们之间的许多相互作用都是为了实现特定功能。例如，臂部可以移动，并通过铰链与底座相连；不锈钢板也可以通过铰链打开，露出装订钉子的轨道；螺钉将臂部的两侧固定，并将整个臂部连接至底座；塑料盖位于金属臂的顶部（具体连接方式我看不清），按压处已经磨损很严重了。

这种细致观察的小练习是否有助于我理解订书机的各部分及其相互作用呢？我相信它确实有帮助。如果半小时前你让我说出订书机各个部分的名称以及它们是如何相互作用的，我或许只能列举出有限的几项特征。但现在，如果你想继续追问，并了解我对新知识的掌握程度，你可以递给我一个订书机，要求我解释其各个部分之间相互作用的复杂性。我也许能提供一个更加深入的答案。

对于揭示部分及其相互作用间的复杂性而言，编制清单是一种极为有效的日常策略。尽管我们叫不出它的名字，但我们一直在使用该策略。运用它来描述/观察订书机效果也相当不错。当然，还存在更精确的方法。例如，"零点计划"提出的一种策略，包含了一套更具针对性的问题。这种策略名为"部分、用途、复杂性"（Parts，Purposes，Complexities），其灵感来自戴维·珀金斯（David Perkins）的著作《知识即设计》（*Knowledge as Design*）[2]，并于近年来广泛应用于一项名为"设计驱动的探究性学习"（Agency by Design）的教育项目，该项目聚焦于以创客为中心的学习。[3]

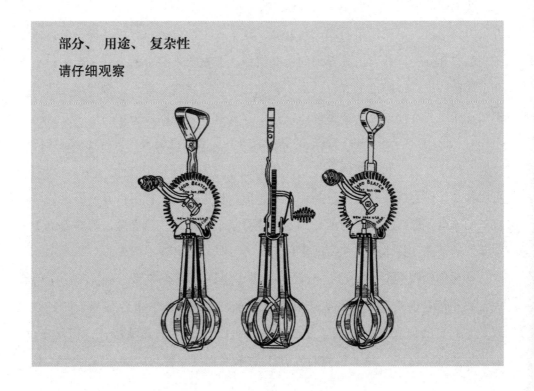

选择一个物体或系统并提问：

它由哪些**部分**组成？

这些部件或组件都有哪些？

它的**用途**是什么？

每个部分的用途又是什么？

它的**复杂性**如何体现？

它在部分和用途以及这两者之间的关系上，表现出怎样的复杂性？或者说，在其他哪些方面，它还展现了复杂性？

请参考框中的观察策略。它直截了当地提出了三个问题：构成部分有哪些？这些部分各自承担何种功能？如何体现其复杂性？在"设计驱动的探究性学习"项目中，不同年级、不同环境中的学生在观察许多物体和系统时都使用过该策略。举几个例子：学生用它来仔细观察打蛋器、压饼机、门把手、雕塑、手机、电脑、苹果派、运动鞋、筷子、毛绒玩具熊、收费站、诗歌（好吧，不算是实物，但仍然是有趣的观察对象）。该策略被应用于分析各类系统，诸如校园午餐时分的排队情况、城镇的回收计划、苹果派的制作工序、繁忙街道的交通模式、音乐视频的推广策略、政治抗议游行的组织以及应用程序的设计。教师们在运用此策略教授学生时，常常鼓励他们进行小组协作。学生们相互激发灵感，共同在一大张纸上绘制思维图谱。他们的经历和收获与我观察订书机时的经历和收获很相似，甚至更加深刻。他们通过观察物体和系统如何由多个部分组成（其中一些是隐藏的或并非一目了然的），从而了解到这些部分是如何相互配合、共同服务于一个或多个目标，并最终构成一个更为宏大的整体。

"部分、用途、复杂性"策略在"设计驱动的探究性学习"中尤受青睐，这一点并不令人意外。这些教育工作者通常自认为是"创客教育者"，专注于实践型学习。他们中许多人在学校中创设了创客空间或创新实验室，开设了从传统木工到建筑学，再到机器人技术和软性电路的多样化课程。值得一提的是，尽管细致观察有时会被诟病为一种被动的学习方式，这些教育者仍对"部分、用途、复杂性"策略抱有极大兴趣。正如我们在"校园中的观察"一章中所见，约翰·杜威曾对过度强调细致观察的教学方法表示担忧，他认为这可能使年轻人感到乏味，觉得自己是鲜活生活的旁观者而非参与者。与此相反，"设计驱动的探究性学习"项目及其相关研究提出了截然不同的观点。该项目的前提是培养学生从设计的角度来看待世界的敏感力，为"以创客为中心的学习"（maker-centered learning）奠定基础，它可让学生切实地思考设计师的角色和活动，从而培养他们对设计的代入感，而这也是项目名称"设计驱动的探究性学习"的由来。换言之，通过了解周围的物体和系统背后的组成部分与用途，学生将更加乐于对这些物体和系统进行重新设想、重新设计和重新创造。

视角的复杂性

"慢观察"可以揭示的第二种复杂性是视角的复杂性。这与观察事物的视角或立场息息相关，通常在探究部分之间相互作用的复杂性时自然显现。再以订书机为例，我注意到它由众多部分构成，尤其是其臂上刻有"BOSTICH"公司名称，引发了我从设计角度的思考。波士迪克（Bostich）公司是否发明了这款订书机？也许不是，但波士迪克公司肯定有人仔细考虑过这种订书机的特殊设计，以确保其作为办公用品的耐用性。仔细观察订书机精密复杂的构造——螺丝钉、大小适中的钉槽和灵活顺畅的铰链，容易引发对与订书机息息相关的人群的思考，如装配工、机械师和办公室职员。他们各自如何与这件物品进行互动？他们在工作之余过着怎样的生活？注意到订书机长期使用留下的痕迹——表面上磨损的斑块和脱落的黑色油漆，不禁引发对订书机自身视角的好奇。可能在其全盛时期，在忙碌的办公室里，它的日子充实而活跃，每天装订数以百计的报告和备忘录（我仿佛能听到打字机和复印机发出的叮叮咚咚的声音）。与前文弗吉尼亚·伍尔夫对墙上斑点的遐想一样，我将这只订书机想象成历史的见证者。随着时间的流逝，使用者们逐渐进入数字时代，适应在屏幕上阅读，订书机的使用频率也随之下降。或许那个办公室已经关闭或搬迁，这只订书机被送进了储物箱或二手商店，最终来到了我的办公桌上。（老实说，我不知道这只订书机从何而来，但我确实知道它已陪伴我多年。这透露出另一种思考，即遗忘物品的来源本身，亦是对物品长期堆积现象的清醒反思。）

关于订书机的这种种联想，有的似乎颇具想象力，而有的则更为贴近实际。但它们共同编织了一张关系网，将我们与日常用品紧密相连。这些联系往往是无形的，有时甚至源自我们的想象。然而，正是这些联系把我们与彼此以及这个世界紧密相连。理解视角的复杂性，就是以更广阔的视野来审视世间万物和系统的一种方式。

通过艺术作品探索视角的复杂性是一种颇具成效的方式。在第二章，我们曾简要介绍了美国艺术家罗马勒·比尔敦的拼贴画《鸽子》。我对这幅作品情有独钟，多年来，我一直乐于观察任课教师和博物馆教育工作者带领年轻人对其进行探究。无一例外的是，学生们越是仔细、持久地观察《鸽子》，就越能发现那些构成作品复杂性的各种视角。接下来，我将举一些学生们的观点作为例证。

当学生们在观察《鸽子》时，先被其中的大部分可识别物体所吸引，例如人物、建筑、人行道和街道，以及它们是如何从不同的视角拼贴而成的。作品中，人物的头部和手部多与身体其他部分的比例相当；窗户和门以不同角度排布，一切元素交错重叠，难以从表面辨认。透过画中人物的视角，学生们首先感受到了作品中的活力。他们注意到城市街道的喧嚣和忙碌，人们往来行走、观察、休憩。学生们最终将注意力转向动物，通常先是左下角的白色猫影，然后是窗台上的鸽子，最后是人行道上的黑猫。当学生们注意到作品中的动物时，他们便开始探究这些动物的视角，特别是那只俯视着下方的鸽子。它在注视着什么？那只白猫在追随着什么？那只黑猫的主人又是谁？时常会有学生指出，画中的动物似乎更接近现实主义风格。与画中的人物不同，它们的身体部位看似都与现实中无异。这引出了关于艺术家创作意图的问题：为何要以这种方式描绘动物？此外，作品作为拼贴画，包含了从其他作品中提取的元素，学生们好奇这些动物的形象是否完全符合艺术家的创作意图，或仅是艺术家剪裁时的原貌。这本身就是关于视角复杂性的一个复杂问题。

通常情况下，学生们对作品或其艺术家的背景知识都略有了解。例如，老师可能会告诉他们，这幅名为《鸽子》的画作现藏于纽约现代艺术博物馆。学生们会对这幅作品的价值感到好奇。它价值几何？是如何被博物馆收藏的？这位艺术家生前是否名利双收？一些学生可能会知道，罗马勒·比尔敦成长于20世纪20年代哈莱姆文艺复兴时期的纽约，并酷爱爵士乐。即使有些学生对此并不了解，他们在得知这一信息后也会好奇，如果将作品与音乐相结合会产生怎样的效果，并在作品中寻找类似于爵士乐的独特节奏。他们或许还了解到，比尔敦于20世纪60年代的民权运动时期创作了这幅拼贴画，这激发了他们对画中鸽子象征意义的好奇。许多学生对比尔敦的创作过程感兴趣：他是在创作之前就对作品有了完整构思，还是在创作过程中灵感涌现？此外，学生们还经常谈及自己对画中场景的熟悉程度。城市里的学生们指出，他们曾在类似这幅画描绘的场所中逗留；而生活在城外的学生对此感到较为陌生，并好奇那里的生活会是怎样的；居住在有色人种或多元种族社区的学生通常不会特别强调作品中人物的肤色；相反，居住在以白人为主的社区的白人学生通常会指出作品中的人物是黑人。绝大多数学生都会注意到画中的香烟，其中一些学生认为这些香烟是过往时代的遗物。

学生们如何识别《鸽子》中视角的复杂性？首先，他们迅速察觉到拼贴画构造的物理复杂性，包括不同的层次、角度以及多重视角下的人物拼图。他们还发现作品中人物与动物视角的对比，不仅体现在两者描绘方式的差异，还在于两者在作品中扮演的角色各异。学生们似乎也洞悉了艺术家视角的复杂性，对艺术家创作背后的深层意图及其与创作过程的互动产生了浓厚兴趣。此外，在思考作品的定价和博物馆的收藏情况时，他们开始探讨作品作为有价物与商品的多重意义。最终，学生们开始反思自身视角，意识到自己对画作所表现的时空背景和人物有着或亲近或疏远的感知。

参与的复杂性

通过"慢观察"发现的第三种复杂性直接关联到最后一个点，即学生作为观察者的自我认知。"慢观察"的一大悖论在于，它通常涉及观察者自身与观察对象之间的一种分离感，易使人感觉自己置身画外，似乎自己的凝视与所观察的对象或场景并无关联。然而实际上并非如此，参与的复杂性在于探究我们作为观察者的自身体验。在观察过程中，我们自身扮演着怎样的角色？我们的思想和经历如何塑造我们所看到的世界？通过审视自身的观察实践，我们能从中学到哪些有关这个世界的知识？

在前一章中讲述的科学家阿瑟·沃辛顿及其液体飞溅物理学研究的故事，已经向我们展示了一个参与复杂性的生动实例。沃辛顿是一位勤勉且细致的观察者，然而，只有当他开始反思自己在观察过程中代入的假设时，他才认识到自己的信仰会给观察结果造成怎样的偏差。他坚信大自然的深层结构的对称性，这导致其一直轻视了用肉眼所观察到的液体飞溅的不对称性。但在使用摄影技术之后，他便很快意识到自己被固有的想法蒙蔽了双眼，使他未能认识到不对称实际上是常态而非例外。沃辛顿的洞见具有双重意义：他不仅对飞溅物理学有了新的认识，还对观察的复杂性有了更深入的理解。

沃辛顿的滴液本质上是中性的：其设计的初衷并非有意让他反思观察行为，尽管它们确实起到了这样的效果。然而，有时被观察的对象却是刻意设计出来，以引发人们对观察行为本身的思考。艺术家们经常以此为目标，挑战传统的观察方式，而博物馆的展览有时也具有类似的意图。美国当代艺术家弗雷德·威尔逊（Fred Wilson）的作品便是将艺术家和博物馆完美融合的一个典型例证。1992年，他在马里兰历史学会（the Maryland Historical Society）举办的里程碑式展览——"挖掘博物馆"（Mining the Museum）中，重新构思并展出了部分展品，突出展示了马里兰州土著人和非洲裔美国人的历史——这是博物馆传统展览中经常被忽略的一部分。威尔逊通过重新排列组合，并从仓库中取出未曾展出过的文物，对博物馆的视角进行了批判性的审视或"挖掘"。在其名为"金属制品"（Metalwork）的装置作品中，他呈现了一组闪亮精致的银制酒壶和高脚杯，中间则摆放着一套铁制奴隶镣铐。这些银器和镣铐均附有标准且看似中性的博物馆标签，上面标注了制作日期和材质等基本信息。

观众一旦开始深入解读展览，原本平淡无奇的观赏体验立刻变得复杂起来。当铁制奴隶镣铐出现在视野中时，观众很难再单纯地将这些银器看作与制作背景无关的精致工艺品。在制造这些银器的同时，还发生了哪些事情？是怎样的社会环境，能一边用银质酒杯品鉴美酒，一边又豢养着奴隶？从更宏观的视角来看，博物馆的传统展览又呈现出了什么样的观点？哪些故事被忽略了？而我们这些博物馆参观者，又是如何潜移默化中偏爱某些故事，而忽略了其他的历史和叙事呢?

威尔逊的展览和沃辛顿的顿悟以不同方式揭示了参与复杂性的本质,展现了我们的先入之见如何在潜意识中塑造了我们对眼前世界的理解。当我们开始意识到自己同时也是他人视野中的"可见对象"时,便出现了另一种参与的复杂性,即我们如何通过他人的眼光看待自己。20世纪法国哲学家和精神分析学家雅克·拉康(Jacques Lacan)对此进行了深入思考并普及了"凝视"(the gaze)这一概念。拉康最初在儿童发展理论中提出了这一观点,认为幼儿在"镜像阶段"(mirror stage)开始意识到自己具有外在形象,并且该形象可通过他人的凝视反映给自己,这是自我形成的关键时刻。后来,拉康拓展了这一概念,认为意识到自己作为一个可见对象的不安感也是持续影响成年人身份塑造的一个因素。拉康的思想产生了深远的影响。自他最初提出凝视概念以来的几十年间,这一概念被学者广泛应用于探讨人类身份的构建和人际关系中的权力动态,因其为我们揭示了一个视角,帮助我们理解人们是如何根据拥有凝视权力的人或其视角来定义自己和他人的。

给大家举一个著名的例子,影评家劳拉·马尔维(Laura Mulvey)曾对拉康的理论进行了扩展。1975年,马尔维发表了一篇颇有影响的论文——《视觉快感与叙事电影》(*Visual Pleasure and Narrative Cinema*)[4],深入剖析了主流电影如何被她所定义的"男性凝视"(male gaze)所主导。她认为,在多数好莱坞电影中,摄影机将观众代入异性恋男性的视角,这一视角将女性框定为性的对象,成为欲望的焦点。随着镜头缓缓掠过女性身体的性感曲线,无论男女观众都会被卷入一种"慢观察"的体验中。这种凝视创造了一种权力的不对等:男性凝视主动塑造场景,而女性则是被凝视的对象。因此,电影中的男性凝视既反映又强化了对男女身份的刻板看法。当然,这一现象并不仅限于电影,也不局限于当代媒体。艺术评论家约翰·伯格(John Berger)在他1972年的系列电视节目改编成书的《观看之道》（*Ways of Seeing*）中，针对欧洲油画历史提出了相似的观点。他指出："男子重行动而女子重外观。男性观察女性，女性注意自己被别人观察"。[5]①在探讨欧洲绘画中频繁出现的裸体题材时，伯格提出，这些作品中对女性的描绘呈现出双重身份："观察女性的是男性，而被观察的是女性。"他解释说："女性自身的观察者是男性，而被观察者则是女性。因此，她把自己变作对象，而且是一个极特殊的视觉对象：景观"[6]②。

　　质疑那些试图定义我们的"凝视"是探究参与复杂性最有力的方式之一，这不仅仅是学者的专利。一个深刻的当代案例来自 2014 年的♯iftheygunnedmedown推特运动，该运动随着密苏里州弗格森市一名未持武器的黑人青少年迈克尔·布朗（Michael Brown）被警方射杀而兴起。枪击案发生后不久，媒体迅速发布的迈克尔·布朗的照片，似乎将其刻画为具有威胁性的形象。由于从仰视角度拍摄，该照片中的布朗显得身材高大、咄咄逼人，而他所做出的手势被许多人误解为帮派符号，尽管那实际上代表着和平。媒体大肆传播这张照片，而并未选用另一张同样可用的照片，后者中的布朗看起来年纪轻轻，也不具有威胁性。几乎就在同一时间，年轻人开始在推特上以♯iftheygunnedmedown为标签发布自己的对比照片，并不断发问：他们会选哪张？一篇早期的帖子展示了一名年轻人身穿黑色 T 恤并做出手势的照片，与之形成对比的则是他身着燕尾服、手持萨克斯的另一张照片；另一篇帖子则展示了一位身着黑衣的青年悠闲躺在床上的照片，与其身着军装给孩子们朗读绘本的照片形成对比。审视这些对比照片时，我们不免心生不适，因其让我们意识到自己是多么轻易地根据看似深刻的刻板印象来解读图像。

---

① 约翰·伯格著，戴行钺译，《观看之道》，桂林：广西师范大学，2005 年，第 47 页。——译者注
② 同上。

这个推特运动是针对当前事件自发兴起的，并非刻意而为之的教育项目，然而，我们可以有意识地设计教育项目，以促进对参与复杂性的深入理解。其中一个饶有趣味的例子来自于截然不同的领域，即艺术博物馆和医学院之间日益密切的合作。这些合作项目旨在鼓励医务人员质疑其在观察时带有的假设和成见，并意识到即使基于相同的数据，人们对艺术作品和病人的解释性叙述也可能大相径庭。这正是♯iftheygunnedmedown推特运动参与者所欣赏的结果。

近期在纽约现代艺术博物馆举办了一场名为"医学检查的艺术"（The Art of Examination）的论坛，其中有人提出了一个发人深省的问题："观看伊特鲁里亚石棺、美国画家约翰·辛格尔顿·科普利（John Singleton Copley）的肖像画或弗朗茨·克莱恩（Franz Kline）的抽象画，能否改变医学生对患者的观察方式?"[7]答案显然是肯定的。该论坛是旨在通过促进对健康与福祉更深层次人文理解来改善医生临床培训的运动的组成部分。这一运动方兴未艾，来自全美六十多所医学院和艺术博物馆的教师团队参加了此次论坛，互相交流思想，规划未来。

艺术博物馆与医学院之间的合作项目值得我们深入研究，因其为教育项目如何深化对本章中三种复杂性的理解提供了极佳的示例。在项目初期，其主要关注点是我所谓的"部分之间相互作用的复杂性"。例如，1999年，该领域的两位先驱——耶鲁大学医学院皮肤病学教授欧文·布拉夫曼（Irwin Braverman）和耶鲁大学英国艺术教育中心的高级策展人琳达·弗里德兰德（Linda Friedlaender）共同开发了一个项目，旨在提高学生的临床观察能力。[8]项目初衷是让学生通过艺术作品的视觉分析练习，提高对细节的辨识和描述能力，无论是在绘画中还是在皮肤病的视觉诊断上。该项目不仅取得了成功，而且激发了其他类似项目的发展，如纽约弗里克博物馆所开展的一项名为"学会观察"的项目，其中医务人员仔细研究绘制的肖像，进而将相同技巧运用于病人面部照片的分析。

随着全国范围内类似项目的逐渐兴起，其活动内容也变得更加丰富多彩：不仅依然重视"慢观察"和小组讨论，还增加了素描、写作、运动和冥想等活动。教育工作者很快意识到，这些项目所做的远不只是向医学生传授视觉分析的技术技巧。例如，当学员们一起讨论艺术作品时，他们会发现医疗团队中的不同成员对诸如死亡、隐私和医疗护理中人文关怀的作用等争议话题的看法可能大相径庭，从而体会到视角的复杂性。通过仔细观察以人类苦难为中心主题的艺术作品，参与者对受难者的同情心也随之加深。随着他们在发掘艺术作品中的故事的能力逐渐增强，他们也更能深刻理解并感同身受地关注自己患者的故事。此外，这些项目还鼓励参与者探究自身视觉参与的复杂性，帮助他们揭示在观察行为中带入的偏见和先入之见，并让他们接触那些可能打破或扰乱他们的固有观念——观察具有中立性——的艺术作品，正如弗雷德·威尔逊的装置艺术所做的那样。在耶鲁大学的先驱项目开展 17 年后，纽约现代艺术博物馆于近期举办的论坛发布了一份报告，确认了这些项目成果已得到拓展。报告指出："许多项目已将它们的解决重点扩展到移情沟通、同情心、文化差异、文化偏见和创造力等方面。这些项目帮助医学生在团队中开展工作，强化他们的观察和沟通技能，以及培养对模糊信息和多元解读的耐心和接纳。这些技能反过来也有助于他们临床实践的发展。"[9]

艺术博物馆与医学院的合作展示了"慢观察"实践如何深化对复杂性的领悟。然而，这种学习不仅仅局限于这些场合。事实上，本书中的几乎所有故事都作为例证，展示了在不同环境下，面向不同类型的学习者，如何实现这一目标：无论是在博物馆还是实验室，通过艺术家、作家、发明家和学者的作品，为从幼儿园到高中的学生们提供启发和辅助。

在本章开头，我提出了两个问题。第一个问题是辨别复杂性是否也是一门学问，答案是肯定的。我希望本章中所展示的例子能够让你认同，识别复杂性确实是一种知识。第二个问题是这种知识对学龄青少年而言是否具有价值，这个问题对教育工作者尤为重要。"慢观察"需要投入时间，而在课程设计中融入"慢观察"体验意味着需要在其他内容上做出取舍。我们可以借鉴我的同事戴维·珀金斯在其著作《为未知而教，为未来而学》（*Future Wise*）[10]中的提问方式来探讨这个问题：对学生而言，哪些知识值得学习？哪些知识能帮助他们应对未来可能的生活？转而应用到我们的场景，我们可以问：学习理解本章所讨论的复杂性类型，是否能帮助学习者更好地面对未来的生活？我相信答案是肯定的。学会理解部分之间相互作用的复杂性，能帮助学习者明白世界并非一个无法理解的"黑匣子"：他们可以学习如何剖析物体和系统的结构复杂性，进而，他们就掌握了探究、实践和发明的能力。学会理解视角的复杂性，可以让学习者从不同的视角来观察世界，同时也帮助他们敏锐地认识到我们永远无法真正和他人感同身受。而学会理解参与的复杂性能让人学会谦逊，帮助学习者明白自己的主观性在感知世界时的作用，并使其理解并尊重他人观点的完整性。

注释

1 Woolf，V. (1921). The mark on the wall. In *Monday or Tuesday*. New York：Harcourt，Brace and Company，Inc. 检索自 http：//digital.library.upenn.edu/women/woolf/monday/monday－08.html。

2 Perkins，D.（1986）. *Knowledge as Design*. New York：Lawrence Erlbaum Associates，Inc.

3 "设计驱动的探究性学习"（Agency by Design）是由哈佛大学教育研究

生院（Harvard Graduate School of Education）"零点计划"发起的研究倡议，旨在探索"以创客为中心的学习"的前景、实践和教学方法。相关信息与教育资源详见 http://www.agencybydesign.org/。

4 Mulvey，L.（Autumn 1975）. Visual pleasure and narrative cinema. *Screen: Oxford Journals*，16（3），6–18.

5 Berger，J.（1973）. *Ways of Seeing*. London：BBC Penguin Books，p. 47.

6 同上。

7 Pitman，B.（2016）. The art of examination：Art museum and medical school partnerships. Forum report. MoMA，and The Edith O'Donnell Institute of Art History：The University of Texas at Dallas，p. 11.

8 Dolev，J. C.，Friedlaender L. K.，& Braverman，I.（2001）. Use of fine art to enhance visual diagnostic skills. *Journal of the American Medical Association*，286（9），1020–1021. 检索自 https://www.researchgate.net/publication/11789211_Use_of_fine_art_to enhance_visual_diagnostic_skills。

9 Pitman，B.（2016）. The art of examination：Art museum and medical school partnerships，p. 6.

10 Perkins，D. N.（2014）. Future wise：Educating our Children for a Changing World. San Francisco：Jossey Bass.

慢观察：观察学习的艺术与实践

第九章

结论：“慢”的思考

　　"慢观察"是获取世间知识的一种重要而独特的方式。其重要性在于，它能帮助我们揭示那些并非一目了然的复杂性。其独特性则源于它所涉及的思维模式与批判性思维和创造性思维的侧重点有所不同，尽管，在认知能力上，它与这两个领域存在诸多共通之处。几乎无论男女老幼，都可以学会放慢脚步，更仔细地观察世界。这样做不仅能获得丰富的知识，还能享受无尽的乐趣。然而，"慢观察"的实践仍需得到鼓励，尤其是在一些可能不太重视"慢观察"的环境中。本章将简要阐述营造有利于"慢观察"的环境的三大准则。

留出观察时间

　　培养"慢观察"能力最有效的方法就是腾出时间进行实践。显然，这说起来容易做起来难，但在科学这类要求细致入微、有条不紊地进行观察的学科教学中，你也许会看到这种尝试。对于高年级学生来说，长时间地仔细观察可能是科学教学的一部分，而对于低年级学生来说，这些经历少得出奇。例如，一项关于低年级科学教学的研究发现，观察活动仅占青少年课堂实践的 5％，即使是在这些活动中，学生也是在教师的监督下进行观察的。[1]这一发现可能有些极端，但它确实说明了一个事实：即使在看似理想的情境中也无法培养"慢观察"。再举一个例子，博物馆，尤其是大型百科全书式博物馆，它们收藏的奇珍异品无疑值得人们驻足欣赏，但其设计往往更倾向于引导游客快速浏览而非缓慢观察。这两个例子实际上反映了一种普遍的认知，即"慢观察"是专家的行为——成熟的科学家或资深的艺术鉴赏家才会这么做，但对新手来说，这种做法似乎并不奏效。我希望本书能对这一观点提出有力反驳："慢观察"是对人类亲自观察事物这一本能的深化与拓展，无论你是新手还是专家，通过长年累月的观察，都将受益匪浅。

戴维·珀金斯在其著作《智慧之眼》（*The Intelligent Eye*）中探讨了通过观察艺术来学习思考的方法，并提出了一套有助于深入观察和思考的思维习惯。其中第一条就是留出观察时间。他解释说："坚持和耐心是最重要的因素，要有坚持到底的决心，这样你看到的东西会比半途而废看到的多。"[2]珀金斯对经验智力和反思智力进行了区分，他认为细致的观察与这两种智力有关。其中经验智力涉及快速识别：它通过将感知与先前的经验联系起来，帮助我们立即理解所看到的事物。比如，孩子瞥见岩石上有一只蜗牛，由于之前她既见过蜗牛，又见过岩石，她立即拼凑出了一个完整的印象。珀金斯将反思性经验描述为"通过有意识地自我管理和战略性地运用智力资源，从而做出明智行为"。"慢观察"与反思智力有关，因为它是刻意而为之的行为，既超越了匆匆一瞥，又超越了第一印象，它往往涉及刻意的、持续的努力。孩子被岩石上的蜗牛所吸引，决定凑上前去，仔细观察一番。她甚至可能决定系统化地进行观察，例如，试图看清蜗牛是如何沿着岩石缓慢前进，或注意观察蜗牛身体的不同部位，或在脑海中将蜗牛的动作与她观察到的其他爬行动物进行比较。

　　然而,留出观察时间并不仅仅是一个内在精神约束的问题。我们注意力流动的速度和质量会受到所处环境中各类因素的影响。例如,在博物馆中,画廊的设计方式、展品的陈列位置、椅子和长凳的摆放位置以及信息文本的书写方式,无一不在影响着我们的注意力。而在课堂上,往往是由教师决定是否给学生留出观察时间,教师必须判断如何将"慢观察"融入课程之中。做出这样的决定可能很困难,因为给予学生更多的观察时间通常意味着要减少分配给其他教学活动的时间。要解决课堂上的这一难题并不容易,但其中重要的一点是,教育工作者要能够认识、阐明并倡导"慢观察"对学习的益处。前一章中正是通过将辨别复杂性确定为"慢观察"的重要学习成果,来应对这一挑战。有时,只需驻足凝视,自然就会化繁为简。但同时,它也有策略性的一面,这就引出了下一条原则。

利用策略、结构与工具辅助观察

　　视觉的第一印象足以令人心满意足。看、观察、顿悟,然后继续前行。尽管眼睛本能地追求第一印象,但我们也渴望获得持续的视觉刺激,而且,要想避免这种停留于表面的倾向,其实并不一定需要付出巨大的努力。有时只需要一座简单的"桥梁",就能超越匆匆一瞥。这种"桥梁"可以是使用我们在前几章中提到的那些通用观察策略,如编制清单、分类引导、调整比例和范围以及并置。"桥梁"也可以由描述性写作或观察性绘画等熟悉的活动组成——这些活动有助于催生长时间的观察。通常情况下,只需沟通或重新调整预期,便能架起一座"桥梁"。博物馆教育工作者驾轻就熟的一种方法就是简单地询问观众:"你还看到了什么?"通过这个问题,教育者传递出了这样一种期望,即希望观众们能够超越匆匆一瞥。类似地,有这样一种教学技巧,即通过设计教学体验,明确要求延长观察时间。前几章提到过一些极端的例子：詹妮弗·罗伯茨 (Jennifer Roberts) 在教授一门课程时，要求她的学生花 3 个小时在博物馆里观察一幅画；科学家路易斯·阿加西斯坚持要求一名准研究生在加入他的实验室之前，花上几天时间观察一个鱼骨架。不过，不那么极端的教学设计同样行之有效。我经常看到教育工作者向低年级学生展示图片或物品，并简单地指示他们先用 30 秒的时间仔细观察，然后再分享他们观察的结果。即使就是这么短短的 30 秒，也能神奇地让眼睛慢下来。

另一种方法是提供支持"慢观察"的道具：物理调适和工具。例如，随身携带素描本或笔记本；用手指框成一个相框，俯下身去，透过相框，洞察世界，或后退一步，海阔天空；或用上双筒望远镜、放大镜、显微镜和天文望远镜。所有这些工具和调适通过提供超越匆匆一瞥的方法来调整我们的预期。

培养慢观察的性情倾向

"慢观察"是一种学习行为。它借助刚才所讨论的那些策略和辅助手段而得以向前推进，但它也涉及更多方面。这种"更多"可以从特点的角度来考虑：经常践行"慢观察"的人有特定的学习目标，这种目标既和技能有关，也和态度有关。换句话说，"慢观察"是一种倾向性行为。这并不意味着每个倾向于践行"慢观察"的人都有相同的性格特征。两个同样擅长细致观察的人实践"慢观察"的方式可能大相径庭。一个人可能循序渐进、有条不紊，另一个人则可能身临其境、全面观察；一个人可能对自然世界充满好奇，另一个人可能更钟情于欣赏艺术或建筑之美。不过，可以说所有这些性格类型都有一种更宽泛意义上的性情倾向——放慢脚步，花时间去仔细观察。从教育的角度来看，这一点至关重要，因为将"慢观察"视为一种性情倾向，对于如何培养"慢观察"有着深远的影响。

几年前，我和一群同事对"思维倾向"这个概念很感兴趣——它是一种智力行为模式，比如谨慎推理、深思熟虑的决策和开放性的思维方式。当时，也就是 20 世纪 90 年代中期，教育界对传授批判性思维能力的重要性展开广泛讨论，也开发了许多号称能够传授此能力的教育项目。但总的来说，这些项目无法在学科之间很好地转换。例如，学生可能会在科学课上学习如何用证据进行推理，但在历史课上却无法恰如其分地衡量证据，也无法将证据推理的技能应用于校外。我和我的同事们不禁好奇，究竟如何才能培养出具有广泛影响力的批判性思维习惯呢？最终，我们提出了一个可行的方案，其形式是一个解释性框架。当时，我们主要关注的是与批判性思维有关的性情倾向，但这一框架几乎适用于任何一种普遍的倾向性行为，包括"慢观察"。该框架指出，倾向性行为包括三个相互关联的组成部分，必须同时具备这三者，才能形成具有跨情景力量的性情倾向。

第一个组成部分是"能力"。显然，要实施任何智力行为，都必须具备这一基本能力。就"慢观察"而言，这可能意味着具有辨别视觉细节的能力，以及使用通用观察策略的能力，如编制特征清单或使用分类引导来识别不同特征。在这些方面具备一些基本能力并不意味着一定要成为专家，只需完成基本步骤即可。

倾向性行为的第二个组成部分是"意愿"。这指的是行为的动机维度，事实上我们必须感受到某种动力，才能产生倾向性行为。换句话说，你不仅要有能力去做某件事情，还必须愿意去做这件事。这一点看似显而易见，但实际上人们往往拥有某些技能，却没有动力去经常使用这些技能。举个我自己的例子，我具备整理电脑文件的基本能力，但遗憾的是，我并没有干劲整理文档，也很少有人会因此而责怪我。

第三个必备的性情倾向要素称为"敏感性"。这个要素不像另外两个要素那么显而易见。它指的是，除了具备与特定性情倾向相关的技能和意愿之外，你还必须注意到，或者说敏锐地察觉到，在什么情况下实施这种行为是有意义的。继续以我的电脑文件为例。如前所述，我具备使文件井然有序的基本能力，尽管我经常缺乏整理文件的意愿，但偶尔也会想这么做，尤其是当我因为找不到重要文件而懊恼时。然而，问题在于，我在电脑前忙得不亦乐乎时，哪里注意得到其实稍加整理就会大变样。那么，这如何运用于"慢观察"？回想一下我们在第三章中了解到的"走出伊甸园"学习项目中的学生。他们热衷于在街区里漫步，用全新的视角观察日常环境。从学生们的评论和照片中，我们可以清楚地看出，他们具备一定的"慢观察"能力，而且他们有动力去付诸实践。但我们不知道他们在其他的情境中是否也有这样的热情，是否在没有明确课程要求的情境中他们也能做到"慢观察"，比如在博物馆、科学课堂，或者在放学回家的路上。

倾向性行为有赖于能力、意愿和敏感性这三大要素的结合，这个观点在理论上似乎颇为合理，但我们在 20 世纪 90 年代中期提出这一框架时，它仅仅停留在理论层面。因此，我们决定对其进行检验。我们为中学生设计了一系列的书面活动，以便我们探究这三个要素是否确实存在于学生的智力活动中，是否相互独立。我们发现确实如此。[3] 例如，我们发现有些学生同时充分具备这三个要素，他们能够在合适的情境下进行批判性思考，即使这种思考没有受到明确的引导。有些学生具备某种思考动机，但并不知道何时应用这种思考能力（比如，我和电脑文件之间的关系）。有些学生具备一定的思考技能，但缺乏使用这些技能的动机。诸如此类的组合不胜枚举。诚然，一旦我们能够明确这三个要素在学生智力行为中的具体作用，我们自然希望找出学生在这些方面最常见的短板，即他们最缺乏的是能力、意愿还是敏感性呢？我们初步预测应该是动机问题。

然而，实际的结果却有些出乎意料。

　　事实证明，学生缺乏一定的思维倾向，很多时候并不是因为他们没有正确的思维技巧或意愿，相反，这是因为他们缺乏对时机的敏感性。换句话说，人们之所以不常进行批判性或创造性思考，只不过是因为他们未能察觉到何时进行这样的思考是有意义的。这听起来可能有些奇怪，但仔细想想，其实不然，因为正式的教学往往会消磨敏感性，尤其是在学校环境中。一堂旨在教授某种思维方式（比如说谨慎推理或者“慢观察”）的课程，仅凭它是一门课程，就会提示学生需要何种思维方式：学生无须培养对时机的敏感性，因为课程已经框定了他们在何时应该运用何种思维。

　　这种对倾向性行为的分析与“慢观察”有何关联呢？它表明，为了将“慢观察”培养成一种稳定的性格特质，而非仅仅是一种技能的短暂运用，我们就必须重视构成倾向性行为的三要素。能力的培养包括学习使用前文所讨论的各种策略——这些策略和结构旨在引导我们拓宽视野、集中注意力和以全新的方式进行观察。培养“慢观察”的意愿，需要利用人类天生的自我观察冲动，并通过留出观察时间来延续这种冲动，让我们能够发现探索的内在乐趣。此外，还需要寻找或创造一种支持、鼓励“慢观察”的环境。这就与第三个倾向性要素——敏感性联系起来了。培养一种能够抓住时机进行“慢观察”的持久警觉性——一种能跨越学科和情境的警觉——是一项特别的挑战，尤其是在学校这种结构化的环境中，学生往往习惯于按照既定的指示行事，这消磨了学生的敏感性。虽然不存在万全之策，但从教育设计的角度来看，我们可以尝试让“慢观察”融入文化环境之中，使其成为一种普遍而持久的存在，而非仅仅是一次性的体验或课程。

　　教育家罗恩·里奇哈特（Ron Ritchhart）等人曾撰文论述了影响学生思维倾向开发的课堂文化力量。[4]这些文化力量存在于日常课堂中，通过得到示范、评估和明确推崇的各种思维方式来发挥其影响力。因此，举例来说，如果你是一名教师，你希望学生养成"慢观察"的倾向，那么你就要确保通过亲身示范，向学生展示"慢观察"的正确做法，并指点他们的"慢观察"行为。你要确保为"慢观察"留出时间，并在整个课程中强调其重要性。你需要为学生提供有用的信息反馈以肯定他们的努力，凸显他们的成果。你还需要在课堂上充分展示"慢观察"的过程与工具，例如，让学生写下观察结果并展示；在课堂上展示可观察的物品来吸引学生的注意力，并提供舒适的座位和放大镜等工具，让学生沉浸其中，流连忘返。

经常创造机会，让观察活动更具社交性。我们每个人都有自己的一双眼睛，因此很容易将细致观察视为一种个人行为。但是，细致观察也可能具备强大的社交性。还记得先前有一章中提到的在华盛顿特区国家美术馆中讨论肖氏纪念碑的那个学校小组吗？在小组讨论雕塑的过程中，一个学生的观察往往会点燃其他人的探索热情，从而引发一连串的新发现。他们共同观察的结果要比每个学生自己默默观察到的东西要丰富、充实得多。上一章所述的成年医务人员也是如此，他们分享了在博物馆的观察体验。

观察与思考

我职业生涯中的大部分时间都在从事教育研究。我的研究重点是我们常说的"高阶思维"，即与批判性、反思性和创造性思维有关的认知过程。我信奉积极主动、动手操作和头脑风暴式的学习方法。利用这种学习方法，学习者能够积极独立地思考并构建自己的想法。鉴于此，我对"慢观察"的兴趣可能显得有些古怪。"慢观察"往往显得被动——至少从表面上看是如此，因为它是在收集观察结果，而非积极地形成解释和解决问题。在本书的很多地方，我似乎都把"慢观察"描述为一种积极的思考方式。但真的是这样吗?事实上,它到底算不算思考呢?

在回答"'慢观察'是否是一种思维形式"这个问题时,存在高低两种标准。低标准方式将思维定义为任何有意识的心理活动。根据这一定义,只要我们在面对事物时有意识地进行观察,那么"慢观察"就很容易符合标准。而高标准方式将思维描述为一种积极的、参与性的体验,在这种体验中,思维利用流向它的精神刺激并对其采取行动,例如,通过检验、分析、阐释、思考、疑惑、设想、探究、辨别来思考。教育工作者在谈及如何教会学生思考时,通常想到的就是这种思考方式。我相信,"慢观察"在多数情况下也能满足这一高标准。

试想一个由高阶思维活动构成的连续体,一端是决策,另一端是辨别。

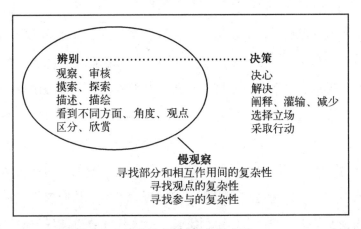

图 9.1 以思维为中心的学习成果连续体示意图

连续体的决策端集中着一些活动,主要涉及弄清事物的含义、正确性或应采取的行动。这些活动通常包括与批判性思维相关的认知活动类型:权衡证据、形成解释、构建论点、形成观点、解决问题以及深思熟虑后采取行动。另一些活动集中在连续体的辨别一端，也就是本书所描述的那些活动。这些活动包括进行描述和描绘、进行长时间的观察、注意事物各个部分及相互关系、从多种有利的角度及全新的视角进行观察。在教育界，大多数关于高阶思维的讨论都倾向于连续体的决策端。他们关注的是批判性思维（标准定义为"合理的、反思性的思维，其核心在于决定相信什么或做什么"）[5]或创造性思维（通常是为了触类旁通，以创新的方式解决问题）。尽管"慢观察"在批判性思维和创造性思维中都发挥着不可或缺的作用，但将其归入任何一个类别都无法充分反映其独特的过程和目标。"慢观察"并非以判断为主要导向，尽管其成果确实能为正确判断提供依据。相反，"慢观察"强调的是延迟判断，以便理解当前事物的复杂性。同样，"慢观察"也并非以解决问题为导向，尽管与做出判断一样，其成果的确有助于解决问题。相反，"慢观察"更强调描述或描绘事物的"本来面目"，而非对其进行改变或提升。

当然，批判性思维、创造性思维和"慢观察"并非认知活动中三个完全独立的领域。它们在实践中往往相互依存、相辅相成。此外，许多认知能力互相关联却不相互排斥。例如，从不同的视角观察事物在这三种思维模式中都很重要；对视觉线索进行分类和分析在这三个领域中同样重要，对事物的工作原理形成基于证据的解释亦是如此。然而，这三个领域各有侧重。了解这些侧重点的差异，以及"慢观察"的实践如何趋向以思维为中心的学习连续体中的辨别端，是很有帮助的。这些理解可以为设计"慢观察"的体验提供依据，也可以帮助教育者向其他人——包括学生、家长、学校管理者以及任何与学生学习有关的人——解释和证明"慢观察"的价值所在。

我希望这本书能让你相信，"慢观察"不仅仅是在快节奏的世界里放慢脚步，更是一种重要的学习方式。它在科学、艺术和日常生活中都发挥着重要作用，无论是专家还是新手，无论是年幼的孩子还是成年人，几乎每个人都可以从中获益。最重要的是，"慢观察"的价值在于亲身实践。再多的外部信息或二手资料也无法取代它所带来的洞察力和乐趣。

我认识的大多数教育工作者，无论其教授对象是学龄前儿童还是研究生，都致力于增强学生的能力，让他们了解周围的世界，并拥有智慧和慈悲之心。作为一种实践，"慢观察"能够为我们提供诸多裨益。它能帮助我们揭示事物、系统和关系的错综复杂性。它能让我们设想和探索不同的视角，同时审视我们自身的主观性。它还能帮助我们辨别和欣赏复杂性，而不必将其消除。"慢观察"的价值可以用一句话来概括：观察得越深入，发现的也就越多。

注释

1 Kallery, M. & Psillos, D. (2002). What happens in the early years science classroom? The reality of teachers' curriculum implementation activities. *European Early Childhood Education Research Journal*, 10 (2): 49 - 61.

2 Perkins, D. N. (1994). *The Intelligent Eye*. Santa Monica, CA: The Getty Center for Education in the Arts, p. 36.

3 Perkins, D., Tishman, S., Ritchhart, R., Donis, K. & Andrade, A. (2000). Intelligence in the wild: A dispositional view of intellectual traits. *Educational Psychology Review*, 12 (3): 269 - 293；实践型讨论请参阅 Tishman, S. (2001). Added value: A dispositional perspective on thinking. In A. Costa (Ed.), *Developing Minds: A Resource Book for Teaching Thinking*. Association for Supervision and Curriculum Development (ASCD), revised edition, vol. 3, 72 - 75。

4 请参阅 Ritchhart，R.（2015）. Creating Cultures of Thinking：The 8 Forces We Must Master to Truly Transform Our Schools. San Francisco：Jossey-Bass；Tishman，S.，Perkins，D.，& Jay，E.（1995）. The Thinking Classroom：Teaching and Learning in a Culture of Thinking. Needham，MA：Allyn & Bacon。

5 Norris，S. P.，& Ennis，R. H.（1989）. *Evaluating Critical Thinking*. Pacific Grove，CA：Critical Thinking Press，p. 3.